JN098124

会社法

伊藤雄司
笠原武朗
得津 晶

［著］

Nippyo
Basic Series

日評ベーシック・シリーズ

日本評論社

はしがき

　本書は、「会社法」を対象とした、日評ベーシック・シリーズの1冊である。同シリーズの対象読者は初学者である学部学生であり、本書も、初めて会社法を学ぶ法学部の学生さんに読まれることを想定して書かれている。

　会社法は、ビジネスを行う主体として「会社」という法人を用意し、主としてビジネスに必要な資金を提供している人たちの間の利害調整を目的としてさまざまなルールを定めている法律である。ビジネス自体は、個人や個人の集まりやほかの法人が主体となって行うこともちろんできるが、経済活動の規模という点で見ると、会社という仕組みを使ったビジネスは、我が国の経済においてとても大きな割合を占めている。多くの学生さんにとって馴染みの薄い世界の話であるにもかかわらず、会社法がどこの法学部でも（ムリヤリ）教えられているのはそのためである。

　もっとも、残念なことに、会社法を学ぶだけで、会社やそのビジネスに関係する法律の全体が分かるわけではない。上で述べたように、会社法は主として資金提供者間の利害調整を目的としたルールを定めているが、会社とそのビジネスに利害関係を有するのは、会社で働く従業員、会社の取引相手やお客さん、会社の事業拠点がある地域の人々など、ほかにもたくさんいる。また、会社がビジネスを行う上で守らなければならないルールも山ほどある。しかし、それらの人々との間の利害調整やビジネス上のルールは、会社以外の主体がビジネスを行う場合でも問題となるため、会社法以外の法律（民法、労働法、消費者法、独占禁止法、各種業法など、挙げればキリがない）が規律している。ビジネスに関係する法に関心があるならば、さまざまな法分野を広く勉強していただきたい。会社法の基本的な守備範囲は、資金を集めてビジネスを行う会社という仕組みのあり方に関するルールに限られている。

　ただ、そうではあっても、会社法の内容はかなり多く、会社法という法典の条文数だけを見ても1000近い。初学者にとって理解しづらい複雑な制度も多々

ある。多くの大学で会社法は2単位ないし4単位で教えることになっているだろうが、我々著者の同業者の多くが「時間が足りない！」と嘆いている。ところが、日本評論社さんから我々に対するオーダーは、日評ベーシック・シリーズのサイズ感で「初学者が無理なく通読できる教科書を書け」であった。しかも、「読者が図を見て分かった気になってしまわないよう、できるだけ文章できっちり理解させよ」と、図でお茶を濁すことも許さぬ厳しさである。そこで、本書では、まず、最も広く使われている会社の種類である「株式会社」に関するルールだけを、破産法などの倒産法制と切り離して学ぶのは適切ではない部分を除いて扱うこととした。さらに、そのように範囲を絞った上で、読者が本書を通じて株式会社に関する会社法の内容のアウトラインを掴んでもらえるようにするために、その妨げとなりそうな枝葉を思い切って切り落としていくこととした。その結果、ひょっとしたら大事な枝まで切り落としてしまっていることもあるかもしれないが、たとえば第7章の組織再編の箇所などでは、類書に例のない、かなり思い切った形で全体像を示すことができているのではないかと思っている。そのような試みが功を奏しているかは、読者のご判断を仰ぐほかない。

　最初に本書の執筆のお話をいただいてから、気付けばなんと8年もの時間が経過してしまった。なかなか我々の執筆が進まず、担当編集者である室橋真利子さんには多大なご迷惑とご心労をおかけしてしまった。この間に、ほかの日評ベーシック・シリーズの本は続々と刊行され、中には第3版まで出した優等生もいるようである。室橋さんが社内で肩身の狭い思いをされたのではないかと、大変申し訳なく思っている。彼女のご尽力がなければ、我々は未だ方向性も定まらずウロウロしていただろう。この場をお借りしてお詫びと御礼を申し上げたい。

　2021年5月

著者一同

会社法

略語一覧

Ⅰ　主要法令名

＊会社法の条文は、本文・括弧内ともに条数のみで示した。

＊原則として、正式名称で引用しているが、下記については略記とした。

計算規則	会社計算規則
施行規則	会社法施行規則
金商法	金融商品取引法
振替	社債、株式等の振替に関する法律
民訴法	民事訴訟法

Ⅱ　判例集

民集（刑集）	大審院民事（刑事）判例集／最高裁判所民事（刑事）判例集
判時	判例時報
金判	金融・商事判例
東高民時報	東京高等裁判所民事判決時報

第1章

はじめに

　現在、世界中のビジネスの多くは、会社によって行われている。だが、ビジネスは会社でないとできないわけではない。会社ではない個人がビジネスをすることもできるし、複数の個人がそれぞれどのような義務と権利があるのかを契約で定めることで、共同でビジネスをすることもできる。しかし、ビジネスに関わる人の数が増えれば、契約の数も増え、その内容も複雑になっていく。そこで、事業活動に伴う契約の当事者や財産の保有の主体を、個人ではなく、ビジネスを行う組織自体に認めてしまうということができれば便利である。それが会社であり、会社とは、ビジネスのために、個人に代わって、権利や義務の主体となることが法によって認められた人格（法人格）である。

　会社の内容、すなわち、ビジネスを共同で行う関係者の間での取り決めについて、一からすべてを合意で作成するというのでは手間がかかる。そこで、あらかじめ関係者間の取り決めのフォーマットが定められている。これが会社法である。会社法のルールは、フォーマットにすぎないのだから、基本的には当事者の合意によって変更可能なもの（任意法規）である。

　しかし、後になって、ビジネスに関与しようと外からやってこようとする者にとっては、どこに変更の取り決めがなされたのかすべて調べなくてはならないとするのでは大変である。また、後から取り決めの内容を変更しようとした場合に、ビジネスに関係する者全員の同意を得るというのは難しい。なぜなら、その変更の内容が合理的であったとしても、すでにそのビジネスへの興味を失っている者やごねる者が合意してくれないかもしれないからである。そこで、会社法のルールには、後にビジネスに関与しようとする者が取り決めの内

容を予測できるように合意では変更できないルール（強行法規）や、ごねる者がいたとしても、全員の合意を必要とせずに多数決で変更できるとするルールも含まれている。

I　会社の特徴

1　法人格と利益の獲得

　ビジネスを個人が単独で行うこと（個人事業）も、複数の個人が契約に基づいて共同で行うこともできる。契約による場合は、民法上の組合契約（民法667条）や商法上の匿名組合契約（商法535条）等を用いることになる。これらの場合には、ビジネスに関連して行われる契約の当事者、財産の所有権などは、個人が主体となる。これに対して、会社を用いる場合は、ビジネスの組織自体に、個人とは別の「法人格」が認められている点で異なる。

　このように、法人格が認められる点に、会社の特徴があるといえるが、「法人格」をもって経済活動を行うのは個人と会社には限られない。例えば、国や地方公共団体も「法人格」を有しながら、大きな経済力をもっている。これらの「公的」な部門は、社会や市民の安全や豊かな暮らしを守ることこそが第一の目的である点で、会社とは異なる。会社にとっては、ビジネスによって経済的な利益を獲得することが大事な目的だからである。しかし、財務大臣が60％以上の株式を保有している日本郵政株式会社のように、公的部門が会社を用いて事業活動を行うこともあり、会社であるからといって経済的な利益獲得を絶対に優先させなくてはならないわけではない。法人格が認められるものには、ほかにも、学校法人等の特別法人のほか、一般社団法人や一般財団法人など、経済活動を行っている法人はたくさんある。これらは、ビジネスによって利益獲得することが大事な目的ではないという点で会社と異なる。もちろん、これらの法人も利益を獲得するためにビジネスを行うことはできるし、実際に行っている。しかし、建前のうえでは、利益獲得は大事な目的ではないとされている点で会社とは異なる。

2　デット（Debt）とエクイティ（Equity）

　会社がビジネスを行ううえでは、資金・財産が必要となる。この資金・財産を調達するには二つの方法がある。一つ目は、銀行から借り入れる場合のように、債務（デット）の形で資金調達する方法である。このような資金調達には、民法の債権についてのルールが適用される。会社法は社債や組織再編の場合などについて例外的なルールを若干用意しているにすぎない。二つ目は、会社に「出資」として資金を払い込ませる方法であり、その対価として会社が持分（エクイティ）を出資した者に発行する場面である。エクイティに関しては、民法ではなく、会社法が細かいルールを定めている。このデットとエクイティというまったく異なる資金調達方法があるということが会社の大きな特徴である。

　デットによる資金調達による場合、民法の契約債務のように、リターンとして受け取ることのできる金銭の返済額と弁済期日があらかじめ定められている（請求金額の確定性）。そして、弁済期日にあらかじめ約束した返済額の金銭を支払うように求めることができる（民法414条1項）。弁済できなかった場合には、債務不履行とされ、損害賠償責任（民法415条）が発生する。この場合、債権者は回収のために会社に対して強制執行をかけることもできるし、会社が弁済できないようであれば、支払不能であるとして、会社を倒産させるように裁判所に申立てをすることもできる。

　これに対して、エクイティによる資金調達の場合には、リターンとして、ビジネスによって獲得した利益を山分けする。会社がビジネスによって金銭を獲得した場合、債権者に弁済して残った分が「利益」となる。よって、会社の財産のうち、先に債権者に弁済し、残った部分がエクイティの資金提供者に分配されることになる（残余権者性）。利益が会社に発生していないのであれば、資金提供者は会社から何らリターンを受け取ることはできない。このため、会社から資金提供者に支払われる金額は出資の段階では定まっていない（不確定性）。ビジネスで会社が巨額の利益を上げた場合は、その利益を割合に応じて山分けすることができるし、会社に利益が生じなければ、出資者は1円も会社から支払を受けることができない。

このようにデットとエクイティはどちらも会社への資金提供方法であり、会社から資金提供者への金銭の払い方が異なる。この違いが、それぞれの資金提供者の会社の経営方針への希望にも影響する。

　デットによる資金提供者である債権者は、リターンとして受け取ることができるのは、あらかじめ定められた金額のみであるから、会社が巨大な利益獲得目的のため、ハイリスクなビジネスを行ってほしいとは考えない。むしろ、大失敗とならないローリスク・ローリターンな経営を望む。これに対して、エクイティの資金提供者は、利益を上げれば上げるほど、会社から受け取るリターンが増える。会社が儲かれば儲かるほどエクイティの資金提供者は利益を得て、会社が損をすれば損をするほどエクイティの資金提供者は損をする。このため会社の利益が最大化するような経営を望む。

　社会全体の富が最大化するように会社の経営をさせるには、会社の経営を決定するのは、債権者よりもエクイティの資金提供者であることが望ましい。

　そこで、エクイティの資金供給者である出資者には、会社の支配権が認められる。そして、このように会社の支配権が認められていることから、出資者は会社の構成員と表現することができ、社員と呼ばれる。そして出資者が会社に対して有している社員たる地位を持分と呼ぶ。

　株式会社においては、社員は株主、持分は株式と表現される。そして、株式会社では、業務執行を取締役あるいはその取締役の中で互選された代表取締役が行う。この取締役を選任するのは株主の集合体である株主総会であり、株主に支配権があることが表れている。

　ただし、以上のことは、利益として社員（株主）に分配されるリターンがある場合の話であり、会社の財産が、デットを完全には弁済できないような状態（支払不能）になると話は変わる。この場合は、残余権者である株主に取り分はなくなるので、会社の価値を最大化させるような意欲も失われる。支払不能の局面では、満額の弁済を受けられないことから、債権者の方が、少しでも回収可能額を上げるべく、会社の価値を上げようと考えている。このような場合には、株主よりも債権者に会社の支配権を認めた方が望ましい。そこで、用いられるのが破産法や民事再生法などの倒産法である。会社法の適用される状態から倒産法が適用される状態に変わると、社員の支配権は失われ、裁判所の監督

【図】債権者と社員の取り分

債権者と社員が1000ずつ金銭を拠出してビジネスを行った場合のそれぞれの取り分。

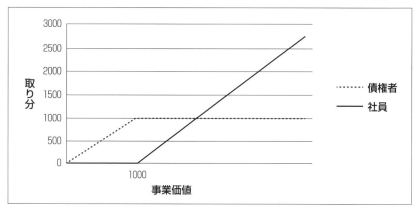

※有限責任でない場合は、債権者は会社から回収できなかった債権については社員から回収する。

の下で、債権者の利益を最大化するために清算または事業再生に向けた手続がなされる。そして、「支払不能」が破産などの倒産開始原因とされている。

　会社法は、社債など例外もあるものの、エクイティの資金提供者である社員と会社の関係について規律している。エクイティが、会社の残余権である利益の山分けを受け取ることができることを意味するということは、会社からみれば、会社はビジネスによって利益を獲得し、その利益をエクイティの資金提供者である社員に分配する、ということを意味する。このような性質を営利性といい、また、社員という構成員の集合体に会社の運営をコントロールする権利が与えられていることから、会社は社団法人と分類され、財産の集合体に法人格を認める財団法人と区別される。この法人格、営利性、社団性が会社の性質と整理されてきた。

II　株式会社の特徴

　会社には、株式会社のほかに、合名会社、合資会社、合同会社がある（これら3種の会社は持分会社とされる→Ⅶ）。どれもビジネスを行うためのものであり、法人格が認められている。その中でも、現在の経済において占める役割が最も

大きいのが株式会社である。この本では、この株式会社についての会社法のルールを解説する。

　株式会社と聞けば、CM でよく目にするトヨタ自動車、ソニーや三菱 UFJ 銀行といった大規模な会社を思い浮かべることも多いであろう。だが、株式会社には、全国規模・世界規模の大企業ばかりではなく、家族経営の中小企業、零細企業といった会社も多く含まれている。むしろ数の上では圧倒的に中小企業の方が多いため、株式会社のルールは、中小企業のニーズにも対応できるものになっている。そして、大企業でも、中小企業でも、株式会社が社会の経済活動の中心であるのは以下のような特徴がみられるからである。

1　有限責任

　株式会社の債務は、株式会社のみが負い、社員である株主が負うことはない。株主は、出資の際に会社に財産を支払う責任のみを負うことから、有限責任とされる。出資後の株主は会社の債務について一切責任を負わないので、投資家は安心して出資することができる仕組みとなっている。

　これに対して、有限責任制度の下では、債権者は、会社の財産のみからしか回収できないため、会社の財産を自由に株主に移転されては困り、安心して金銭を貸すことができなくなる。そのため、株式会社から株主への財産の移転には、会社法が制限を課している。株主への分配は、会社がビジネスを継続している間は、会社の計算に関するルール（→第6章 I 1⑵）に従って算出された剰余金（分配可能額）の範囲に限られている。

　この有限責任により、投資家は安心して会社に出資して、会社としてもリスクのある事業を行うことができる。また、分配規制により、債権者も安心して会社に金銭を貸すことができる。このような仕組みのおかげで、株式会社に資金が集まりやすくなっている。

2　出資持分の譲渡性

　ビジネス継続中に、株主が会社から自由に財産を引き出したら債権者が困る。そこで、株主は自由に出資した財産の返還を会社に求めることができない。そのため、株主が会社から投下資本の回収をするには、会社がビジネスを

辞めて清算するまで待たなくてはならない。しかし、一度出資したら、清算まで回収することができないとすると、将来、金銭が必要になることを心配して、投資家が出資を控えてしまうことになりかねない。そこで、株式会社では、資金提供者としての地位（社員たる地位としての株式→第3章）を他の投資家に譲渡することを認め、会社以外の第三者への売却によって、投下資本の回収を認めている。ただし、すべての株式会社において株式の譲渡が自由にできるわけではなく、株主を親族や知り合いだけにとどめたいような会社（株主の閉鎖性を維持したい会社という意味で「閉鎖会社」と呼ぶことがある）は、株式の譲渡には会社の承認を必要とするという制度を採用することもできる。

　株式譲渡という投下資本回収の方法が認められていることにより、投資家が安心して出資できるので会社の資金調達が容易になる。

3　会社の機関のルール

　有限責任制度によって、これまで会社のビジネスには関わってこなかったような様々な投資家が株主となることが予想されるため、株主が会社の経営を直接行うことは難しい。そこで、株式会社では会社の経営を株主に委託された取締役ないし代表取締役が行う。株主は株主の集合体である株主総会という会議体で役員の選任など一部の重要事項について議決権を行使するにすぎない。このように株式会社では株式会社の「所有権」に喩えられる最終的な支配権限を認められた社員と実際にビジネスを経営する取締役・代表取締役とが異なることが想定されており、所有と経営の分離がなされている。さらに、多様な株主が存在すると、会社内の株主間での取り決めをわざわざ調べるのは大変である。そこで、株式会社においては、ルールの一部は強行法規となり、共通のルールが適用されている。

　また、強行法規とされていない事柄について、会社内のルールを変更するために全株主から同意をとるのは株主数が多いと困難である。そこで、多くのルールは、全株主の同意なしに株式数を基準にした多数決によって変更できるとされている。

　しかし、株式会社といっても、実際には、中小企業が多く、多様な株主が存在するわけではない。そこで、株式会社の中でも、株式譲渡に会社の承認が必

要とされている会社では、各会社が自由にルールを決定できる範囲が広くなっている。

III 株式会社の中の分類

株式会社の中には、世界的に有名な大企業から、ある会社の完全子会社、家族だけで経営されている同族企業など、規模や株主の構成に様々なものが含まれている。そのような株式会社を一律に単一のルールで規制するのは困難であるため、会社法は、株式会社の中にもカテゴリーを設けて、適用されるルールに違いが出るようにしている。

1 公開会社と非公開会社

株式会社であっても、株式の譲渡に会社の承認が必要とするという形での譲渡制限を設けることができる。このような会社では、株主の交代は頻繁には行われず、その閉鎖性が確保されているので、会社の取り決めについて株主と経営者との自由な交渉に任せておく範囲が広くてよい。これに対して、譲渡が自由である株式を一部でも発行している株式会社は、経営者と交渉のチャンネルをもっていないような多様な者が株主となる可能性がある。そこで、このような会社は公開会社（2条5号）とし、非公開会社（すべての株式に譲渡制限がなされている会社）と比べて、交渉できない株主の利益を保護するために法（強行法）による経営者に対する規律づけが厳しくなっている。

2 大会社

会社の経営規模が大きい場合や会社に対して多くの資金提供がなされている場合は、会社の経営状況をきっちりとチェックする必要性が大きく、またチェックにお金をかけても十分にもとがとれる。そこで、会社法は、原則としてエクイティによる資金提供総額を意味する「資本金」が5億円以上の場合、またはデットによる資金提供額である負債総額が200億円以上の場合には、大会社とし（2条6号）、会計監査人設置の義務づけ（328条）など、経営への監視強化を義務づけている。

3　親会社と子会社

　株主は、株式を保有し、株主総会で議決権を行使することで会社を支配することができる。そのため、株主と会社とは別の法人格ではあるが、ある株主が株式を大量に保有していれば、会社の経営を、かなりの程度、意のままにできる。そこで、株式会社に関するルールを定める際には、法人格の別だけに注目するのではなく、会社の支配権に基づく企業グループを意識しなくてはならない場面がある。そのような規制を作るための単位として、会社法は、議決権の過半数を有するなどによって実質的に別会社を支配している会社を親会社（2条4号）、親会社に支配されている会社を子会社（同条3号）としている。一定の規制については、規制逃れを防ぐため、親会社のための規制が子会社にも及び、子会社のための規制が親会社にも及ぶことがある（社外取締役・社外監査役の定義など。同条15号・16号）。

4　上場会社

　株式会社は、建前としては、多様な投資家がエクイティによる資金調達をしやすくするために用意した会社である。そのためには、投資によって取得した株式を容易に売却できる市場があることが望ましい。そして、実際に、東京証券取引所のような金融商品取引所（証券取引所）が存在し、株式はそこで取引される主要な金融商品である。このように取引所で株式が取引される株式会社は上場会社（会社法上の「公開会社」とは異なる）と呼ばれるが、この用語は会社法にはない。上場会社をはじめ、株式が広く投資家に取引される会社には、会社法の規制に加えて、金融商品取引法により投資家保護のためのより厳格な規律が適用されている。

　また、取引所はそれぞれ上場規則を定め、当該取引所に上場する会社に遵守を求める。上場規則も、法律と並ぶ投資家保護のためのルールとなる。さらに、2015年に東京証券取引所と金融庁が中心となり、「コーポレートガバナンス・コード」が定められた。このコードは東京証券取引所の上場規則に組み込まれた。このコードが上場会社に託す規範は、「コンプライ・オア・エクスプレイン」の形をとっている。上場会社は、規範を実施しないことも可能である

が、その場合には実施しない理由を説明することが求められる。

Ⅳ　定款自治

　それぞれの会社における会社関係者の取り決めのうち、基本的な事項は定款で定める。どのような事項を基本的な事項として定款に記載しなくてはならないのかについては、会社法がある程度定めている。株式会社であれば、会社の名称である商号や会社の事業内容（目的）についてはすべての会社が定款に記載しなくてはならないし（27条〔必要的記載事項〕）、また、会社法の原則ルール（任意規定）と異なる内容の取り決めをする場合など、株式の譲渡制限のように多くの関係者・株主にとって重要な事項であることから、定款に記載することが要求される事項もある（相対的記載事項）。そのほか、会社法は要求していないものの、それぞれの会社があえて定款に定めておくこともある（任意的記載事項）。

　それぞれの会社は、自らの関係者のニーズに応じて、定款の内容を定めるが、他方で、後から当該会社と関与する多数の者たちにとっての情報収集する手間の節約のために、会社法は一定のルールについては強行法規として、定款によるルールの変更を認める範囲（定款自治）を制限している。特に、株式の譲渡が自由に認められている公開会社においては、後から株主となる者が多く発生しうることから、安心して株式を購入しやすいように定款自治の範囲はより狭められている。具体例としては、後述する会社の機関の設計（→Ⅴ、第4章Ⅰ）がある。

　定款でいったん定めた事項の変更には、利害関係人全員の同意が必要というのでは、それぞれの会社をめぐる状況が変化したときに、一部の利害関係者がごねたりした場合に対応ができない。そこで、定款の内容は、原則として、株主総会における3分の2以上の賛成（特別決議）で変更できるとされており（466条・309条2項11号）、株式の譲渡制限を導入する場合のような、一部の株主に直接の大きな影響を与える事項については、決議要件をより厳格化し、反対する株主には会社が公正な価格で株式を買い取る機会を提供するなどして、株主の保護をより強めている。

V　株式会社の機関設計の自由と制限

　株式会社を含む法人は精神も肉体もない抽象的な存在であるため、実際に法人の意思決定をし、運営をする自然人ないしその集合体が必要である。それが「機関」であり、会社法は、機関として、株主総会、取締役、取締役会、会計参与、監査役、監査役会、会計監査人、監査等委員会、指名委員会等（三委員会）、執行役を用意している。

　それぞれの会社は、定款自治に従って、機関設計を行うが、会社法によって、一定の機関は、設置が義務づけられたり、組み合わせが強制されたり、場合によっては設置を認められなかったりするものがある（→第4章I(6)）。そして、機関設計をどう選んだのかによって、それぞれの機関の役割も変わってくる。

　すべての株式会社は、株主総会と取締役を設置しなくてはならないが、その株主総会と取締役の役割も会社の機関設計によって変わりうる（→詳しくは第4章II2以下）。株主総会は、原則として株主全員の多数決で意思決定を行う会議体である。株式会社においては、株主が、会社の残余権者であり、支配権を有する者であることから、株主総会が株式会社において最も重要な意思決定主体ということができる。だが、このことと会社に関するすべての事項について株主総会で判断すべきかどうかは別問題である。株式の所有が分散しているような会社の場合、株主一人当たりの持分割合は非常に小さいため、コストをかけて会社の経営について情報を収集せず（合理的無関心）、他の株主の判断に任せよう（フリーライド問題）と全株主が考えるようになり、株主の集合体である株主総会では合理的な意思決定がなされないおそれがある（集合行為問題）。

　そこで、株主が会社の意思決定や経営の監視を直接行うことが期待できない株式会社においては、株主総会によって選任された取締役による会議体である取締役会を設置し、取締役会が、多くの業務執行の意思決定や、会社の経営者の監視の役割を果たすことになる。取締役会を設置した株式会社の株主総会の権限は、取締役会構成員である取締役を選任することのほか、一定の重要な事項のみが株主総会決議事項となると限定されている（295条2項。定款で株主総会決議事項を増やすことはできる）。また、会社の日々の経営は、取締役会の中で選

定された代表取締役が行うことになり、その他の取締役の役割は、原則として、取締役会のメンバーであるというにすぎない。

　これに対して、株主が会社の業務執行や経営者の監視を直接行うことができるという会社は取締役会を設置せず、株主総会は「万能機関」としてすべての事項について決定することができる。取締役会を設置していない会社では、取締役が、原則として経営者（業務執行を行う者）として会社の代表権限をもつ。ただし、取締役が複数いるような場合は、代表権のある取締役を限定することができる。

　以上に加えて、経営者の監視機関として、監査役や会計監査人がある。また、取締役会を監視機関として強化し、監査役の代わりに、取締役の中に委員会を設置する指名委員会等設置会社と監査等委員会設置会社がある。

VI　例外的な一般法理

1　会社の権利能力

　株式会社は法人であり、自然人でないにもかかわらず、法律によって特別に権利能力が認められている。この法人の権利能力について、「定款その他の基本約款で定められた目的の範囲内」に限定されるというルール（Ultra Vires〔ウルトラ・ヴィーレス〕の法理）が民法34条に存在する。株式会社の場合は、会社の基本的なルールは定款に定めてあり、定款に記載された「目的」（27条1号。事業活動の内容）に会社の権利能力も限定される。会社の目的の範囲外の行為については、会社に権利義務が帰属せず、思わぬ負担を会社が負うことのないようにして、会社とその社員（株主）を保護するためのルールである。

　しかし、現在の社会において、個人よりも会社を、権利能力の制限によって保護すべきだという価値判断はあまり説得的でない。また、このような権利能力の制限があることで、会社と取引する際には、相手方が定款の目的を調べて、定款の目的の範囲内であることを確認するまでは取引ができないというのでは大変であり、ひいては取引先が減ることで会社にとっても不利益となりかねない。そこで、実際の株式会社の定款には、目的として具体的事業内容を列

挙するだけではなく、最後に、「前各号に附帯または関連する一切の業務」と付し、目的の範囲を広げている。また、判例では、会社の権利能力は、定款に記載された目的そのものだけではなく、「目的遂行に必要な行為」も含み、しかも、必要か否かは、個別具体的に必要性の有無を判断するのではなく、抽象的に必要となることがありうるか否かで判断するとされている（最判昭和27・2・15民集6巻2号77頁）。これによって、実際に権利能力の範囲外となる場面はなくなっている。この法理が適用される場面は理論上残されているものの、非常に例外的な狭い範囲である。

2 法人格否認の法理

　株式会社は株主とは別の法人格であることから、株主の負った債務を会社が負うことはない。また、株主有限責任から会社の負った債務につき株主が責任を負うこともない。これが原則であるが、特定の事案限りで、このように法人格が異なることを否定する一般法理があり、法人格否認の法理と呼ばれる。

　だが、実際にどのような事件で法人格が否認されるかといえば、非常に雑多なものが含まれており、信義則や権利濫用と同様、一般条項的なもので、説明や類型化は困難である。たとえば、個人事業を株式会社化（法人成り）した際に、契約の相手方を個人なのか会社なのか分かりにくいようにして契約の相手方を誤信させる場合がある。この場合に、株主との間で結んだ和解契約（賃貸借契約終了に伴う不動産の明渡し）の効力を会社との関係でも認めた判例がある（最判昭和44・2・27民集23巻2号511頁）。これは、表見法理（外観主義）の延長である。また、株式会社が強制執行逃れのために優良資産を、分配規制の目をくぐって、株主に引き渡すような場合であれば、詐害行為取消権または分配規制の延長といえる。

VII 持分会社

　本書は株式会社のみを解説する。しかし、会社には、前述のとおり、株式会社のほかに、持分会社もある。持分会社と株式会社との理念的な違いは、社員同士の関係や社員と事業活動との関係の密接性である。持分会社は株式会社よ

りも社員同士の密接性が強いという建前であるため（そのため人的会社といわれる）、社員同士の取り決めの有効性を広く認めることができ、定款自治の範囲が株式会社よりも広い（577条）。たとえば、株式会社においては株主総会は少なくとも年に1回開催しなくてはならないのに対して（296条1項）、持分会社ではそれに相当する社員総会を開催することは法律上求められていない。

　社員の密接性という違いが現実に最もよく表れているのが、持分会社では、株式会社の株主と異なり、（一部の）社員に会社の債務に対する無限責任を認めることが可能である点である（無限責任社員という）。持分会社には、合名会社、合資会社、合同会社の3種類がある（575条1項）。社員の全員が無限責任社員である持分会社が合名会社（576条2項）、社員の全員が有限責任社員である持分会社が合同会社（同条4項）、社員に無限責任社員と有限責任社員の両方がいる会社が合資会社（同条3項）とされている。

　合同会社は、全社員が有限責任である点で株式会社と共通し、社員への分配を制限するため（→Ⅱ1）、会社の計算や利益配当について他の持分会社にはない特則が設けられている（625条〜636条）。

第2章

設　立

　会社とは、事業活動の主体となることが認められた法によってつくられた法人格である。個人（自然人）以外に、契約や財産保有の主体となる法人が皆の知らぬ間に勝手に作られては取引相手や訴訟を起こそうとする人々が混乱する。しかし、このような会社を用いて事業活動を行うというメリットは社会に広く普及すべきである。そこで、会社が法人格を取得するには、公示のために登記（商業登記）を必要としながらも、一定のルールに従って手続を進めさえすれば、国の特許や許可がなくとも、自由に会社を設立することができるとされている（準則主義）。この会社が法人格を取得するまでの一定のルールを25条以下の「設立」が定めている。

I　設立手続の種類

　会社の設立手続を企画し尽力する者を、発起人と呼ぶ。そして、設立の手続には、会社成立時に株主となるのが発起人に限られる発起設立と、発起人以外の者も設立時に株主となる募集設立との2種類がある。募集設立の場合には、会社の成立の前に株主となる投資家を別途、募集し、その投資家が財産を出資することになる。この分、手続が複雑であり、さらに発起人以外の投資家の利益を守るためのルールが用意されている。だが、実際には、このように複雑なルールを避けるため、発起設立が用いられるのが通常である。そこで、まず発起設立の手続を説明し、その後、募集設立独自のルールの説明を加えることにする。

1 発起設立の基本的な手続の流れ

商業登記をして法人格を取得する前に、成立後に会社がすぐに事業活動を開始できるように、会社の実体を形成することが必要である。そのために、(1)会社の基本的なルール（自治ルール）の作成、(2)成立時に発行される株式についての決定、(3)出資の履行、(4)会社成立時に取締役等の役員となる者（設立時役員）の選任をしなくてはならない。会社の実体を形成した後で、(5)設立の登記によって法人格を取得することになる。

(1) 定款の作成・認証

すべての株式会社が守らなくてはならない基本的なルールは、会社法やその他の法律が定めている。だが、個別の会社ごとの基本的かつ重要な事柄を定めるルールとして定款（→第1章Ⅳ参照）がある。発起人は、会社の成立前に、まず、この定款を作成しなければならない（26条1項。会社設立時における最初の定款を原始定款という）。

具体的にどのような事柄を定款に記載しなくてはならないかは会社法に定めてある。たとえば、すべての株式会社が定めなければならない事項（絶対的記載事項）として、会社の目的（事業内容）、商号、本店の所在地、設立の際に出資される財産の価額（確定した金額でなく設立時に最低限度、出資されることが必要な価額〔最低価額〕でもよい）、発起人の氏名（名称）および住所が挙げられている（27条）。

誰が発起人であるのかを明らかにするために、定款には発起人全員が署名か記名押印をしなくてはならない（26条1項）。そして、後で改ざん等がされないように、定款が作成されたことと定款の内容を明らかにするため、公証人の認証を受けなければならない（30条1項）。

(2) 株式発行事項の決定

株式会社は、株主によって構成される（社団）法人であるので、会社成立時に株主が存在しなくてはならない。そこで、発起人の中で誰がどれだけの株式を引き受けるのか、それぞれいくら払い込むのか、成立時の会社の資本金・資

【表①】 発起設立と募集設立

	発起設立	募集設立
株式引受条件	契約自由	平等（58条3項）
払込金融機関保管証明	なし	必要（64条1項）
創立総会	なし	必要（65条1項）
設立手続の調査報告	（46条2項）	必要（93条2項）
発起人の価額填補責任	過失責任（52条2項2号）	無過失責任（103条1項）
擬似発起人の責任	なし	あり（103条4項）

本準備金（→第6章で後述）はいくらにするのかについて発起人全員の合意で決める必要がある（32条1項）。株式数や払い込む金額は合意さえ成立すれば、原則として自由に決められるが、例外として、発起人は最低でも1株は引き受けなくてはならないというルールがある（25条2項）。

(3) 出資の履行

　発起人は、発起人間の合意で決定した内容に従って、株主権（株式）を有することになる対価として、あらかじめ定めた銀行口座（34条2項）に財産を払い込まなくてはならない。これを「出資」と呼び、通常の債権の弁済として会社に財産を払い込む場合とは性質が異なるものとして区分される（たとえば、民法法律行為法の詐欺・錯誤規定等の適用がないとされている〔51条〕）。この出資された財産が成立後に会社が有する財産となる。

　一部の発起人・投資家がきちんと出資をしない場面がある。たとえば、発起人A・Bの2人がそれぞれ1000万円ずつ出資し、1000株ずつを引き受ける約束で、会社の設立手続を進めていたところ、Bが何らかの理由で500万円しか支払えないような場合である。

　この場合、Bは500万円のみを支払い、500株を引き受け、残りの500株を引き受ける権利を失うという処理がなされる。発起人の中の代表（発起人総代）が出資を履行しない発起人に対して履行するように催告し（36条1項・2項）、それでも期日までに出資しないときは、残りの500株について当該発起人は株主となる権利を喪失する（同条3項〔失権手続〕）。

ただし、失権の結果、出資財産の総額が、定款で定めた出資財産の最低額
（27条4号）を下回ることはできない（下回った場合、設立無効事由〔→Ⅳ2〕にな
る）。

(4) 設立時役員の選任

　株式会社が契約や権利義務の主体となることができるのは法律上の技術にす
ぎず、株式会社には自然人のような肉体も意思も存在しない。会社が事業活動
を行うには、会社の行為とみなすことができる機関が必要であり、成立の前に
あらかじめ会社の機関として、役員を選任しなくてはならない。たとえば、成
立後に取締役を3名、監査役を1名設置したいのであれば、設立手続中に、そ
れぞれ設立時取締役を3名、設立時監査役を1名選任しなければならない（38
条）。代表取締役を設置したいのであれば、設立時取締役で互選して設立時代
表取締役を選定しなければならない（47条1項）。

　設立時役員が役員としての職務執行を行うのは会社の成立後であるが、設立
手続中においても発起人による設立手続を監視する役割が与えられている（46
条1項）。

(5) 設立の登記

　このような手順で会社の実体を形成した後に、設立の登記をすることで株式
会社は成立し法人格を取得する（49条）。

2　募集設立

　発起人以外の投資家が設立時株主となる募集設立では、この投資家保護のた
めのルールが必要となる。これらの投資家は、発起人と異なり、定款の作成や
株式発行事項の決定等の会社の基本的かつ重要な枠組みの決定に関与していな
いからである。

　そこで、会社法は次のようなことを規律することによって、投資家を保護し
ようとしている。設立時の株式の発行条件は平等でなくてはならない（58条3
項）（→1(2)）。出資金額と権利内容とを変えたい場合は、種類株式（→第3章参
照）を用いる必要がある。また、出資の履行がきちんとなされていることを証

明するために払込先の銀行（払込金融機関）から株式払込金保管証明書を発行してもらう必要がある（64条1項）（→1(3)）。そして、設立時役員の選任は設立時の株主によってなされるべきことから、発起人以外も含む設立時株主による創立総会を開催し（65条1項）、そこで選任がなされる（88条1項）（→1(4)）。創立総会では、ほかにも設立時取締役・監査役らから設立手続が適正に行われているかについて調査結果の報告がなされる（93条2項）。また、後述するように出資の履行のルールが厳格化し、発起人の価額填補責任が無過失責任化し（103条1項）（→Ⅱ2(1)）、発起人以外の擬似発起人にも発起人同様の責任ルールが課される（→Ⅳ1）。

　そのほか、発起設立との差異として、募集設立において発起人以外の株式引受人が出資の払込みができない場合には、催告等の失権手続なしに、株主となる地位を失うという点がある（63条3項）。

Ⅱ　設立時における出資・出資に対する保護の制度

　以上が通常の設立に要求される手続である。この設立手続においては、一部の発起人、投資家が自らの利益のために他の発起人、投資家を犠牲にするようなこと（取り込み詐欺などという）が起こる危険性がある。しかしながらそのような危険性のある行為であっても実務上ニーズが認められる場面もあり、全面禁止とすることは望ましくない。そこで、会社法は、このような危険が高い場面について、出資者保護のためのルールを設けている。それが、変態設立事項のルールと資本填補責任のルールである。

　このような危険は、発起設立でも募集設立でも生じうるものであるが、特に、募集設立の場合には投資家保護が強化されている。

1　変態設立事項

　会社法は、会社の成立前に一部の発起人、投資家の利益のために他の発起人、投資家が犠牲になる危険性が高い類型的な場面を列挙したうえで、特別の規制を課している。

　その典型例が、金銭以外の財産を用いて出資を行う現物出資である（28条1

【表②】危険な現物出資の構造

	A	B
実際の出資財産価額	1000万円	100万円（土地）
株式数	1000株	1000株
保有株式価値	550万円	550万円
利得	−450万円	＋450万円

号）。現物出資自体は禁止されていないが、金銭と異なり、その財産の本当の価値が分かりにくい。それを利用して、現実には100万円の価値しかない土地を、1000万円の土地と称して現物出資をし、1000万円分の株式を引き受けるということができてしまうかもしれない。

　たとえば、発起人A・Bの2名で発起設立により会社を設立することを考えていて、Aが1000万円を金銭で出資し、Bが実際には100万円の土地を1000万円と称して現物出資する場合を考える。ここで、AとBはともに表面上は1000万円分の財産を出資したので、引き受ける株式数は等しくなり1000株ずつと考える。この会社には、表面上は金銭と土地をあわせて2000万円の財産があるはずであるが、土地については過大評価されていたため、実際には1100万円の財産しかない。この場合、A・Bがそれぞれ保有する1000株の実際の価値は550万円となる。Aは1000万円の出資をしたので450万円の価値を失い、その価値は、100万円の土地しか出資していないBに移転している（【表②】参照）。このように、現物出資の過大評価は、会社の価値ひいては株式の価値を希釈化することで、他の発起人・投資家の利益を犠牲にし、その利益を現物出資者が獲得することになる。

　発起設立の場合は、発起人間で株式引受条件が平等である必要はない。しかし、あらかじめ発起人同士で契約によりどのような条件で株式を引き受けるのか合意している必要がある。現物出資において過大評価がなされている場合は、そもそも発起人間の合意した内容と実際に出資した財産の価値がズレていることが問題なのである。この場合は、現物出資をしていない発起人にとっては本人の同意していない株式の価値が希釈化という不利益を被ることになる。

　このような危険に対応するために、現物出資には、3段階に分かれる特別の

規制が課される。まず①定款に現物出資者の氏名、出資する財産、その価額、割り当てる株式数を記載しなくてはならない（28条1号）。この記載はすべての株式会社がしなくてはならないわけではないが、現物出資を行う株式会社は記載しない限り効力が認められないため、相対的記載事項と呼ばれるものの一種である。定款に記載されるということは、後に設立時取締役らによって調査されることを意味する（46条1項1号・93条1項1号）。このようなチェックが入ることが他の投資家らの保護につながる。次いで、②裁判所に検査役の選任を申し立てなければならず（33条1項）、選任された検査役（実務では弁護士が多い）が、出資予定の財産に定款に記載された価額の価値があるのかを調査する。検査役は調査の結果を裁判所と発起人に報告する（同条4項・6項）。そして、③検査役の調査の結果、当該現物出資に不当な点があると認めたときは、裁判所は、定款の記載を変更して、出資財産価額と引き渡される株式の数を減らす（同条7項）。

　この規制のほか、実際の財産の価額が定款に記載された価額よりも著しく小さい場合には発起人等がその差額の責任を負うことになる（→この点は2⑵で説明）。

　現物出資以外に、同一の規制が課せられるものとして28条が列挙するのは、発起人が会社のため、会社の成立後（会社の成立を停止条件として）、特定の財産を譲り受けるという契約（財産引受け〔同条2号〕）、発起人が成立後の会社から受ける報酬や発起人にだけ優先配当を認めるなどのその他様々な形での特別利益（同条3号）、設立事務所の賃料や設立のための事務員の給与、創立総会開催のための会場代など、設立手続の執行にかかる費用（設立費用〔同条4号〕。定款の認証手数料、印紙代等の発起人が濫用するおそれが少ないものは除く〔施行規則5条〕）がある。

　財産引受けは、現物出資規制の潜脱のための脱法行為のおそれがある。そして、特別利益や設立費用も、これらの名目で、出資者によって形成された財産が、会社設立前に行われた行為によって会社外の一部の者に流出するおそれがある。このため、現物出資と同様の規制が課されているのである。これらの28条が列挙している事項をまとめて変態設立事項と呼ぶ。

　ただし、現物出資や財産引受けについては、上場株式のように市場価格がつ

いている有価証券の場合や現物出資が相当であることについて弁護士・公認会計士・税理士等の証明（不動産である場合は不動産鑑定士の鑑定評価）がある場合などの過大評価のおそれが小さい場合、そして現物出資と財産引受けの総額が500万円以下という費用倒れになりかねないような場合には、検査役の調査を省略できる例外ルールが用意されている（33条10項）。

2　資本填補責任

(1)　財産価額填補責任

　会社設立前に出資額が約束した出資金額に満たない場合は失権手続（→Ⅰ1(3)）で対応する。しかし、現物出資・財産引受けによる出資の過大評価（対象財産を過大評価した場合など）が、会社が成立し株式が発行された後で明らかになった場合には、すでに株式が発行されてしまっている以上、株式の発行を打ち切ることはできない。また、すでに発行された株式を簡単に無効とするわけにもいかない。そこで、定款に記載した出資財産の価額と比べて実際の財産の価額が著しく小さい場合は、その不足分を、発起人全員および設立時取締役が連帯して支払わなくてはならないとされている（財産価額填補責任〔52条1項〕）。

　たとえば、発起人A・Bの2人で会社を設立する際に、Bが100万の土地を1000万円と称して現物出資し、会社成立後にこの過大評価が発覚した場合、900万円をBだけでなく、この過大評価を見逃した他の発起人Aや設立手続を監視する役割を与えられている設立時取締役も連帯して支払う義務を負うことになる。これは会社成立後に株式を取得した株主が想定した価値よりも株式の価値が低くなるという希釈化の損害から守るための責任である。現物出資者以外の発起人や設立時取締役は、検査役の調査を経ていた場合や注意義務違反がないことを証明できた場合に限って免責される（立証責任の転換した過失責任）。

　募集設立の場合のルールはより厳格である。現物出資者以外の発起人・設立時取締役の責任について、検査役の調査を経た場合には免責されるものの、それ以外の場合は無過失責任となっている（103条1項）。発起人以外の株式引受人を出資の希釈化から守るためのルールである。

　これらの責任は、総株主の同意で免除することができる。たとえば、発起人A・B2名による発起設立によって成立した会社の株主が、まだAとBのみ

であれば、A・B両名が同意すれば免除される。

(2) 仮装払込みの責任

　出資の履行が外見上はなされたように見せかけながらも、会社が実際に財産を利用できるような形では払い込まれていない場合（いわゆる仮装払込み〔仮装出資〕の場合）にも、払込みがなされなかった場合と同様に、その他の発起人・投資家の株式価値が希釈化するという犠牲が生じる。そこで、出資を仮装した者（仮装払込人）は仮装した出資金額全額を支払わねばならず（52条の2第1項・102条の2第1項）、また、仮装払込みに関与した発起人、設立時取締役ら（施行規則7条の2・18条の2）は、注意を怠らなかったことの立証に成功しない限り、連帯して支払義務を負う（52条の2第2項・3項・103条2項）。仮装払込人の責任は無過失責任であり、関与した発起人等の責任は立証責任の転換した過失責任である。

　この仮装払込みの責任を果たすまでは、仮装払込人は株主としての権利が停止され、行使できない（52条の2第4項・102条3項）。ただし、この責任を履行する前であっても、善意無重過失の第三者が仮装払込人から株式を譲渡された場合には、第三者は株式の権利を行使することができる（52条の2第5項・102条4項）。

　仮装払込みといえるかどうかは、払い込まれた財産を会社が使用できたか否かを基準に判断される。払い込まれた金銭が短期間のうちに貸付等の形で会社から流出したような場合が仮装払込みの典型例であり、見せ金と呼ばれる。払い込んだ金融機関の職員と共謀するような場合は預合いと呼ばれる。このような仮装払込みに対しては刑事責任も用意されている（預合罪〔965条〕。見せ金の場合は、出資金額に虚偽があるとして公正証書原本不実記載罪〔刑法157条。最決昭和40・6・24刑集19巻4号469頁〕）。

(3) 資本充実原則の意義

　ここで紹介した財産価額填補責任と仮装払込みの責任は、従来、資本充実原則の表れといわれていた。資本充実原則というのは、資本金（および準備金）として表示されている金額分の財産を確実に拠出させるためのルールである。

昔のルールでは、発起人の一部があらかじめ約束した金額を出資しなかった場合には、当該発起人だけでなく他の発起人らにその不足金額を出資させることを強制する無過失責任（厳格責任）のルールがとられていた。これによって、事前に合意していた出資金額や発行予定株式数を維持させていた。だが、現在の会社法は、事前に合意した出資金額や発行済株式数を維持するのではなく、出資された金額に応じて、発行する株式数を減少させることとした（→1）。

　その例外が、仮装払込みや過大評価によってすでに株式が発行されてしまった場合である。しかし、この場合にも、発起設立の場合には、現物出資者・仮装払込人本人以外の責任は過失責任化している。他方で、現在の会社法の下でも、募集設立の場合には、財産価額填補責任（52条）についてのみ厳格責任を維持している（103条1項）。

　このような資本充実の原則は、株式の価値が希釈化しないように他の株式引受人（発起人・投資家）の利益を保護するためのルールである。（他の利害関係人にかかわりなく）総株主の同意のみで免責が認められるのはそのためである（55条・103条3項）。

　だが、資本充実の原則は、会社内に存在する財産を増やすものであることから、副次的に債権者の利益にも資する。有限責任の株式会社に対する債権者は、会社がいくら財産を有しているのかが重要であり、設立時に定款に記載された出資金額相当の財産が会社にあることは債権者の期待に適うからである。しかし、会社の財産は日々の取引によって変動するものであって、設立時にのみ、出資金額と会社の財産額とを一致させることが債権者保護にどれほど有用なのか疑問も呈されており、あくまで副次的な利益にとどまる。

Ⅲ　設立中の法律関係

　会社法の基本ルールは、設立登記により法人格を取得してから、会社は事業活動を行い権利義務の主体になることができるというものである。したがって、本来であれば、設立の登記がされるまでは、権利義務の主体にはなれない。しかし、設立の登記前に発生した権利義務の一切が会社に結び付かないわけではない。

設立登記までの間、発起人たちは、会社の成立を目的として共同して活動していることから、民法上の組合（民法667条）として発起人組合が存在する。定款の作成・認証や株式発行事項の決定、払込取扱金融機関に出資金を受け入れるための別段口座の作成といった設立のための行為は発起人組合が行う。だが、会社の成立後は、これらの設立に関する行為の効果は、権利や義務の移転手続なしに、会社に引き継がれることになる。また、これらの行為の費用も成立後の会社が負担することになる。

　このことを説明するために、会社の成立の前から「設立中の会社」という権利能力なき社団が存在しており、当該社団の機関である発起人がした行為は、「設立中の会社」に帰属するところ、成立後の会社と「設立中の会社」とは同一であることから会社成立後には会社に帰属する、と説かれている（同一性説）。

　だが、登記前に発起人のした取引行為によって発生した権利義務のすべてが成立後の会社に引き継がれるとしてしまうと、設立の登記までは会社は成立していないとした会社法のルールが無意味になってしまう。そこで、あくまで「会社の設立に関する行為」といえる限りで、成立後の会社に引き継がれることになる（最判昭和33・10・24民集12巻14号3228頁）。

　具体的には、定款の作成・認証等の法律が設立手続として要求している行為（設立を直接の目的とする行為）は成立後の会社に帰属する。これに対して、定款の認証手数料支払や書類作成のための文房具費用の購入等の設立事務の執行に必要な行為については、一部の発起人がこの名目で他の発起人・投資家の犠牲の下、利益を搾取する危険もある。そこで、定款の認証手数料、設立登記の登録免許税、払込金融機関への手数料、検査役の報酬といった相場が決まっていて濫用のおそれが少ない事項を除いては、設立費用（28条4号）として変態設立事項の3段階規制（→Ⅱ1）をクリアしたもののみが成立後の会社に帰属する。事業開始の準備のための不動産や原料等の購入（開業準備行為）も、会社成立後に特定の財産を譲り受けるという契約（財産引受け）として、同じく変態設立事項規制をクリアした場合に限って、会社に帰属させることができる。

　では、上記の基準を満たさず、成立後の会社に帰属できない行為の効果はどうなるのか。この場合、その行為が会社の成立という発起人組合の目的の範囲

内であれば、組合員である発起人全員が連帯して責任を負うことになる（商法511条。最判昭和35・12・9民集14巻13号2994頁）。発起人組合の目的の範囲外とされた場合には、その取引を行った発起人が個人で無権代理人同様の責任（民法117条類推適用）を負うことになる。

Ⅳ　設立手続の瑕疵

1　発起人等の責任

　会社の設立手続を開始したものの、何らかの原因で設立の登記にまで至らなかった場合（会社の不成立）は、すでに払い込まれた出資金の返還やそこまでの設立手続にかかった費用の負担など、設立に関してなされた行為の責任は、発起人全員が連帯して負わなくてはならない（56条）。

　会社が成立した場合も、発起人と設立時取締役・設立時監査役は、財産価額填補責任（52条）、仮装払込みにおける支払責任（52条の2・103条）を負うことは前述のとおりである（→Ⅱ2(2)）。そのほか、発起人等が任務懈怠によって会社に損害を与えた場合には会社に対して賠償責任を負い、悪意または重過失ある任務懈怠によって第三者に損害を与えた場合には当該第三者に対して賠償責任を負う（53条→第4章Ⅲ1(5)を参照）。

　また、誰が発起人であるのかは定款の署名または記名押印（26条1項）によって形式的に判断される。だが、募集設立において、定款に記名押印せずとも、株式募集の広告等に賛助者などとして名前を載せることを承諾した者（擬似発起人）には、発起人と同様の責任が課される（103条4項）。

2　設立無効の訴え

　会社の設立手続中に法令違反などの瑕疵があったとしても、会社の設立の登記がなされている場合には、会社はいったん成立したものとして扱われたのであり、後から設立の効力を否定すると、会社と取引関係にある多数の利害関係人が混乱する。そこで、会社の設立の効力を否定するには、設立無効の訴え（828条1項1号）という特別の訴訟制度を用いなくてはならず、この訴訟で請

求が認容されるまでは、会社の設立は有効と扱われる（形成訴訟）。設立無効の訴えは提訴期間（2年〔同号〕）、原告適格（株主、役員〔同条2項1号〕）、被告適格（会社〔834条1号〕）を制限し、また、請求が認容された場合、判決効に対世効を認める一方で（838条）、過去に遡って無効とする遡及効は否定する（839条）など、法律関係がいたずらに錯綜しないような工夫がなされている。設立無効の訴えが認容された場合は、会社の清算手続が開始され（475条2号）、当該手続の中で利害関係人の権利関係は処理される。

設立無効の訴えが認容された場合の波及効果は大きいため、無効原因も、設立手続の瑕疵の中でも重大な瑕疵に限定されている。具体的には、①定款の絶対的記載事項に重大な瑕疵がある場合、②設立時発行株式を1株も引き受けない発起人がいる場合、③公証人による定款の認証がない場合、④設立時発行株式に関する事項について発起人全員の同意がない場合、⑤定款に記載されている設立時に出資される財産の価額（最低額）に相当する出資がない場合、⑥募集設立において創立総会がない場合、⑦設立登記が無資格者によって申請されるなどの理由で無効である場合、などに限られている。

第3章
株　式

　株式会社の特徴の一つは、その社員の地位が「株式」という均一の単位に細分化された形をとっていることにある。本章では、その株式の権利内容や譲渡の方法、単位の大きさの調整などについて説明する。

Ⅰ　株式の内容

1　株式と株主

⑴　株式・株主とは

⒜　株　式

　第1章Ⅰ2でみたように、会社とは、出資者やその地位を引き継いだ人（エクイティの供給者）を社員としてルールが作られている社団法人である。社団法人の運営は（究極的には）その社員の意思に基づいて行われる。また、会社の社員は出資者であるから、その事業から生じた利益の分け前にあずかることができる立場にある。このような運営に関与する権利や経済的利益にあずかる権利はすべての種類の会社の社員が有しているが、株式会社の社員については、全社員が有限責任社員であるという特徴（→第1章Ⅱ1）に加えて、以下にみるように、そのような社員としての地位が「株式」という均一の単位に細分化された形をとっていることにも大きな特徴がある。

　すなわち、社員としての地位（持分）については、100万円を出資した人（A）も、10万円を出資した人（B）も、それぞれ一つずつ有しているものとし

て考えることもできる。その場合、出資額に応じて運営に関与する権利や経済的利益にあずかる権利を与えることにするのであれば、Aの持分はBの持分の10倍大きいものとして考えることになる。つまり、各人、大きさがバラバラの持分を一つずつ持っているという形であり、持分会社はそのような形で社員の地位を扱っている（原則として出資額に応じて経済的利益にあずかる権利を与えている。運営に関与する権利は原則、平等とされている）。しかし、株式会社では、社員の地位をそのような形では扱わない。株式会社では、出資の際にいくらの出資に対して一つの株式を与えるかを決め、出資額に応じて複数の株式を与えるので、たとえば5万円の出資に対して1株を与えると定めれば、そのときに100万円を出資した人（A）には20株、10万円を出資した人（B）には2株の株式が与えられる。両者が有する一つひとつの株式は同じものであるが、会社の運営に関与する権利や経済的利益にあずかる権利は基本的には各社員が有する株式の数に比例して与えられるので、結局、Aの持分はBの持分の10倍大きいということになる。

このような仕組みがとられているのは、株式会社が、多くの人から出資を募って社員となってもらうポテンシャルをもった会社として制度設計された会社だからである。社員が実際にたくさんいる状況を考えると、バラバラの大きさの持分を各社員がそれぞれもっているという形で社員の地位を把握するよりも、株式という均一の持分をいくつ保有しているかという形で把握する方が、集団的な法律関係の処理が簡便になる。また、多くの人に社員になってもらうためには、持分を必要なときに必要なだけ売買できる市場の存在が不可欠であるが、そのような市場での取引が効率よく行われるためには、取引の対象物は株式のように均一の大きさと内容をもったものである必要がある。

(b) 株 主

株式会社の社員は株式を保有するため「株主」と呼ばれる。株主は、会社に出資を行うことによって、あるいは、そのようにして株主となった者から株式の譲渡を受けたり相続をしたりすることによって株式を取得する。

(2) 株主の権利

株主は社員として会社に対して様々な権利を有している。それらの権利につ

いては各箇所で追々みていくが、ここでは、それらの大まかな分類についてみ
ておこう。

(a) 自益権と共益権

株主には、会社が一定の手続を経て利益を株主に分配する場合（→第6章Ⅱ）
に、それを受ける権利（剰余金の配当を受ける権利〔105条1項1号〕）がある。ま
た、会社が事業をやめて財産の清算を行う場合には、残った財産の分配を受け
る権利（残余財産の分配を受ける権利〔同項2号〕）もある。このように、株主が
直接的な経済的利益を受けることを目的とする権利を「自益権」という。

これに対して、株主が経営上の意思決定に関与したり、経営を監督・是正し
たりする権利を「共益権」という。その中核は、実際に経営に関与する者（取
締役等）の選任といった重要事項についての決定を行う株主総会における議決
権（105条1項3号）である。また、株主総会を通じた経営のコントロールを補
完するために、取締役等の違法行為等の差止請求権（360条・422条）（→第4章Ⅲ
2(2)）や取締役の会社に対する損害賠償責任を追及する株主代表訴訟の提起権
（847条）（→第4章Ⅲ1(6)）、各種書類等の閲覧や謄写（コピーすること）を求める
権利（たとえば、会計帳簿に関する433条〔→第6章Ⅰ2(2)(b)〕）など、様々な権利が
認められている。

(b) 単独株主権と少数株主権

株主の権利は、1株の株主でも行使できる「単独株主権」と、一定割合以上
または一定数以上の議決権を有する株主のみが行使できる「少数株主権」（言
葉として少し分かりにくいかもしれないが、大株主でなくても行使できるという意味で
こう呼ばれる）にも分類できる。自益権はその性質上、単独株主権である。

共益権には単独株主権のものも少数株主権のものもある。会社の経営が適切
に行われるようにするためには、株主総会を通さずに株主が監督・是正を行う
機会があることも重要である一方、そのような監督・是正の権利は嫌がらせな
どの目的を有する株主によって濫用されるおそれも高い。ある権利を少数株主
権とすることは、そのような濫用を一定程度防ぐ意味がある。そこで、その両
方の要請のバランスを考えて、各種の共益権は単独株主権とされたり（違法行
為等差止請求権、株主代表訴訟提起権など）、様々なレベル（議決権の1％とか3％と
か）の制約がある少数株主権とされたり（会計帳簿等閲覧謄写請求権や株主総会の

招集請求権〔297条〕〔→第4章Ⅱ5(1)〕など）している。

　なお、少数株主権とすること同様の濫用防止を目的として、公開会社における共益権については、権利行使の6ヶ月前から引き続き株式を有する株主にのみ権利行使を認める旨が規定されているものがある（株主代表訴訟提起権〔847条1項〕など）。株式の取得後すぐに権利行使するような者は、濫用的な権利行使のために株式を取得した者である可能性が高いという考えから置かれた制限であり、「継続保有要件」などと呼ばれる。

(3)　発行可能株式総数

　会社は、発行できる株式の総数（「発行可能株式総数」）を必ず定款に定めておかなければならない（37条1項・113条1項）。これは、会社が無制限に追加的に株式を発行できるとすると、各株主の持分比率がどこまでも低下することになりうるため、一定の限界を定款で示しておいて、それを変更する場合には定款変更の手続（株主総会の特別決議という、決議要件が加重された決議による〔466条・309条2項11号〕）を要するとする趣旨である。

　さらに、公開会社については、発行可能株式総数が発行済株式総数（すでに発行されている株式の数）の4倍を超えるような定款変更はできないとされている（113条3項）。公開会社では追加的に株式を発行する権限が原則として取締役会にあるところ（→第5章Ⅰ2(1)(b)）、その取締役会の権限を無制限に大きくすることを認めるべきではないという判断から置かれた制限である。なお、会社が自己の株式を取得してそれを消却（なかったことにすること。発行済株式総数が減少する）することもあるが（→第6章Ⅱ3(3)）、その結果として発行可能株式総数が発行済株式総数の4倍を超えることは問題とされていない。発行可能株式総数が変わらない限り、各株主の持分比率の低下の限界に変わりはないからである。

2　株式の内容のデザイン

(1)　はじめに

　株式の内容、たとえば、株主がどのような権利を有するのかといったことは基本的には会社法に定められている。しかし、会社によっては、会社法が定め

る基本的な株式の内容とは異なる内容の株式とするニーズもあるため、会社法は、定款で一定事項を定めることによって、各会社が特別な内容をもった株式をデザインすることも認めている。

この株式の内容のデザインについて主に定めているのは107条と108条である。ここまでは、株式とは社員の地位を均一の単位に細分化したものであり、一つひとつの株式は同じものであるという前提で説明したが（多くの実際の会社についてはその理解で間違いない）、実は、定款で定めれば会社は内容が異なる複数の種類の株式を発行することができ、その場合、同じ種類の株式どうしは同じものであっても、異なる種類の株式どうしは同じものではない。上の説明との関係では、異なる内容の「社員の地位」を定款の定めによって作ることができるのだと理解してほしい。ともあれ、そのような種類株式のデザインについて定めているのが108条である。これに対して107条は、種類株式についての定款の定めがなく、発行する株式が同一の内容のものに限られている会社における株式のデザインに関するものである。

株式の特別な内容は定款で定められるので、その新設や変更には定款変更が必要である。定款変更は、通常、株主総会の特別決議という決議要件が加重された決議による（466条・309条2項11号）。また、種類株式を（将来に備えて定款に定めを置いているだけでなく）実際に発行している会社では、それに加えて、種類株式を有する株主（「種類株主」）を構成員とする「種類株主総会」の特別決議が必要となることもある（322条1項1号・324条2項4号）（→(4)）。さらに、株主が大きな不利益を被る可能性を考えて、定款変更により厳重な手続が要求されている場合もある（→(2)(b)・(3)(c)(イ)(ウ)）。

以下では、株式の内容のデザインの選択肢をみていくが、発行する株式が同一の内容のものに限られる場合に関する107条に規定されているものは、すべて種類株式に関する108条でも規定されており、しかも107条の中で実際に重要なのは「譲渡制限条項」だけである。そこで、まずそれについて説明することとし（→(2)）、その後、108条に沿って種類株式の内容のデザインの選択肢を説明する（→(3)）。最後に、種類株主の間の利害調整に関する会社法上の仕組みについて簡単にみておく（→(4)）。

(2) 譲渡制限条項

会社は、定款で定めれば、株式の譲渡による取得について会社の承認を要するとすることができる（107条1項1号・108条1項4号）。その定めが置かれた株式を譲渡制限株式という。譲渡制限条項は、会社が発行する株式が同一の内容のものに限られている会社で付すことも、種類株式発行会社（2条13号）で種類株式ごとに付したり付さなかったりすることもできる。譲渡制限株式は、ほかの株主にとって好ましくない者が株主になることを排除したり、強烈な内容の種類株式（たとえば、拒否権付株式〔→(3)(d)〕）が当初の保有者以外の者の手に渡らないようにしたりするために用いられる。

株式を譲渡制限株式とするには、定款で、株式の取得に会社の承認を要する旨などを定めなければならない（107条2項1号・108条2項4号）。譲渡承認などの手続については後述する（→Ⅱ5）。

(a) 既存の株式に譲渡制限条項を付す場合の手続

譲渡制限株式は最初から譲渡制限株式として発行されることが多いが、すでに発行されている譲渡制限株式ではない株式について、定款変更を行って新たに譲渡制限条項を付すニーズもある。その場合、それまで可能であった株式の自由な譲渡ができなくなってしまうため、そのような定款変更を行う場合には、通常の定款変更よりも重い手続が要求されている。

種類株式発行会社でない会社についてみておこう。まず、譲渡制限条項を付す定款変更のためには、議決権を行使できる株主の半数以上で、当該株主の議決権の3分の2以上に当たる賛成による株主総会の決議（特殊決議）が必要とされている（309条3項1号）（→第4章Ⅱ4(4)(c)(ア)）。さらに、「反対株主」（株主総会前に反対の旨を通知し、かつ、実際に総会で反対の議決権行使をした者）は、会社に対して、自己の有する株式を公正な価格で買い取ることを請求することができるとされている（株式買取請求権）。買取価格はとりあえず会社と反対株主の協議によるが、協議が調わない場合には最終的に裁判所が決める（以上、116条・117条）。特殊決議といえども多数決なので、株主の不利益の重大性を考慮して、反対者が会社から離脱する途を認めるものである。

(b) 譲渡制限株式の相続

譲渡制限条項は株式の自由な譲渡を制限するものであり、株式が相続などの

一般承継（権利義務をまとめて包括的に承継すること。合併〔→第7章Ⅰ2〕による権利義務の移転もその例である）によって相続人などの手に渡ることは制限できない。

　しかし、ほかの株主にとって好ましくない者が株主となることを排除したいというニーズは相続などの場合にもある。そこで、譲渡制限株式については、定款で、相続その他の一般承継により株式を取得した者に対し、会社が当該株式の会社への売渡しを請求できる旨を定めることが認められている（174条）。この定めがあれば、相続人などが承継した譲渡制限株式を一定の手続を踏んで会社が強制的に買い取ってしまうことができる（175条～177条）。また、そのような定めがない場合でも、会社と相続人等との間で合意が成立する状況にあれば、通常よりも簡便な手続で会社は相続人などから株式を買い取ることもできる（→第6章Ⅱ3(2)(c)）。

(3)　種類株式の内容のデザイン
(a)　剰余金の配当または残余財産の分配についての異なる定め

　会社は、定款で定めれば、剰余金の配当や残余財産の分配に関して内容の異なる種類株式を発行することができる（108条1項1号・2号）。たとえば、配当・分配を受ける権利に優先劣後の差をつけることができる（優先株式・普通株式・劣後株式）。(b)の議決権制限株式に優先的な配当の権利を認める例が多い。

　この種類株式を発行するには、定款で、当該種類株式の種類株主に交付する配当財産・残余財産の価額の決定の方法などについて、少なくともその要綱を定めておかなければならない（108条2項1号・2号・3項、施行規則20条1項1号・2号）。

(b)　株主総会において議決権を行使できる事項についての異なる定め

　会社は、定款で定めれば、株主総会において議決権を行使できる事項について内容の異なる種類株式を発行することができる（108条1項3号）。これによって全部もしくは一部の事項について議決権が制限される株式を議決権制限株式という。これは、たとえばベンチャー企業で出資割合とは異なる議決権割合を設定したい場合（たとえば、出資額は600万円対400万円であるが、400万円を出資する者の才覚が事業に不可欠であるため、600万円のうち200万円に相当する株式の議決権

を制限して両者の議決権割合を等しくする）や、既存の株主の議決権割合に影響を与えない形で新しい株式を発行して資金調達を行いたい場合などに用いられる。議決権制限株式を発行するには、定款で、当該種類株式の株主が株主総会において議決権を行使できる事項などについて定めておかなければならない（108条2項3号）。

　会社が発行している株式のうち、議決権制限株式の占める割合が高くなり過ぎると、少額出資者が実質的に会社を支配するという事態が生じうる。それは公開会社では会社支配の状況として好ましくないという判断から、公開会社で議決権制限株式の数が発行済株式総数の50％超に至ったときは、会社はそれを50％以下とするために必要な措置（新株発行〔→第5章Ⅰ〕など）をとらなければならないとされている（115条）。

(c)　取得請求権条項・取得条項・全部取得条項

　会社は、一定の手続規制と財源規制の下で、株式を手放したい株主から自分自身の株式を取得することができるが（→第6章Ⅱ3）、会社が株主の保有する株式を強制的に取得したり、逆に、会社が自己株式の取得を強制されたりすることは、一定の例外的な場合を除き、ない。しかし、そのような強制的な取得や取得の強制の可能性があるものとして株式をデザインしておくニーズもあるため、以下のような内容をもった株式を発行することが認められている。

(ア)　取得請求権条項

　会社は、定款で定めれば、株主が会社に対して株式の取得を請求できるという内容の株式を発行することができる（107条1項2号・108条1項5号）。株主の選択によってあらかじめ定められた対価と引き換えに会社に株式を強制的に取得させることができる株式であり、取得請求権付株式と呼ばれる。取得請求権条項は、種類株式発行会社でない会社の株式に付すこともできるが、通常は種類株式に付される。定款には、株主が取得の請求ができる旨、取得の対価（種類・内容・額・算定方法など）、取得の請求ができる期間について（種類株式発行会社では、少なくともその要綱を）定めておかなければならない（107条2項2号・108条2項5号・3項、施行規則20条1項5号）。

　取得請求権条項は、会社が株式の発行による資金調達を行おうとする際に、出資者の様々なニーズに応えて様々な株式を設計するための一つのツールとな

る。たとえば、金10万円を対価とする取得請求権条項の付された株式の株主は、株価が10万円未満に下落したときに取得請求権を行使すれば、株価を上回る10万円という価格で会社に株式を取得させることができる。もちろん、こういう有利な条項がついている分、その株主となろうとする人は株主となる時点でより高い対価を支払うことになるが、何らかの理由で株価が下落するリスクをとてもおそれる人は、対価の増額分を上回る価値を取得請求権に見出すかもしれない。また、取得対価をほかの種類株式とする取得請求権条項を付せば、株主の選択によって株式の種類を変更できる種類株式（転換株式）を作ることもできる。たとえば、議決権のない優先株式に議決権のある普通株式を取得対価とする取得請求権条項を付しておけば、当該株式の株主は、平時は受動的に優先配当を受け取るのみであるが、いざというときには取得請求権を行使して優先株式と引き換えに普通株式を取得し、議決権を行使するという行動をとることができる。そのような行動の可能性があれば、ない場合に比べて、議決権がない株式にもお金を出してもらいやすくなる。

(イ) 取得条項

会社は、定款で定めれば、①あらかじめ定められた一定の事態が生じた日や、②会社が別途、この日にと定めた日に、その時点の株主の意向にかかわらず、会社が株式を取得できるという内容の株式を発行することができる（107条1項3号・108条1項6号）。そのような株式を取得条項付株式という。取得条項は、種類株式発行会社でない会社の株式に付すこともできるが、通常は種類株式に付される。定款には、一定の場合に会社が株式を取得する旨とそれがどういう場合か、取得の対価（種類・内容・額・算定方法など）などについて（種類株式発行会社では、少なくともその要綱を）定めておかなければならない（107条2項3号・108条2項6号・3項、施行規則20条1項6号）。

条文上、取得条項付株式の取得は「一定の事由が生じたことを条件として」行われるが、その「一定の事由」には上記①②のような定め方がある。①は、たとえば、将来の株式上場を目指す会社が、成長過程での資金調達のために発行する様々な種類株式に、「一定の事由」を株式の上場として、上場される普通株式を対価とする取得条項を付すようなことが想定される。普通株式が上場されても普通株式でない種類株式はそのままでは市場で売却できないが、これ

により、会社の成長過程での出資者に上場後に株式売却益を得る機会を約束できる。②は、会社（株主総会や取締役会〔168条1項参照〕）がそうしたいと判断したときに、適宜、取得日を定めることで株式を買い取ったり（取得対価を金銭と定めた場合）、ほかの種類株式に転換したり（取得対価をほかの種類株式と定めた場合）できるようにするための仕組みであり、株主の側に選択権のある取得請求権付株式とは対(つい)の関係にある。たとえば、優先株式には、優先的な配当の負担を必要に応じて減らせるように、金銭や普通株式を対価とする②のタイプの取得条項が付されることが多い。そのような株式は一度に全部を取得するのではなく、その都度、一部のみを取得していくような仕組みにすることも多い。

　既存の株式について新たに取得条項を付したり、従来からある取得条項を変更（廃止を除く）したりする定款変更を行う場合には、株主に重大な不利益をもたらす可能性があるので、対象株式の株主・種類株主全員の同意が必要とされている（110条・111条1項）。つまり、個々の株主や種類株主の意向に反して取得条項が付されたり変更されたりすることはない。

(ウ)　全部取得条項

　会社は、定款で定めれば、株主総会の決議によってその全部を会社が取得することができる種類株式を発行することができる（108条1項7号）。そのような種類株式を全部取得条項付種類株式という。

　既存の株式を全部取得条項付種類株式とし、それを取得するまでの手続は、始めから終わりまで株主の多数決で行える。もともと種類株式の定めのない会社を例にみてみると、まず、全部取得条項は種類株式にしか付けられないので、新たに適当な内容の種類株式の定めを定款に置き、それによって既存の株式も種類株式とする必要があるが、そのためには通常の定款変更の手続（株主総会特別決議）を行うことになる。次いで、既存の株式に全部取得条項を付す定款変更を行うが、そのために必要なのは、定款変更のための株主総会特別決議と、全部取得条項が付されようとする種類株式（つまり、ここでは既存の株式）の種類株主を構成員とする種類株主総会（ここでは実質的に株主総会と同じ）の特別決議である（111条2項1号・324条2項1号）。種類株主総会での反対株主には株式買取請求権が与えられている（116条1項2号）。そして、いったん全部取得条項が付されてしまえば、その取得の決定は株主総会の特別決議のみで行

える（171条・309条2項3号）。取得の対価は基本的にはこの株主総会で決められるが、適切な対価が定められないおそれがあるため、反対株主には裁判所に対する価格決定の申立権が与えられている（172条）。

全部取得条項付種類株式は、たとえば、債務超過状態（会社の資産よりも負債が多い状態であり、そのままでは倒産するしかなく、株式にはほぼ価値がない）にある会社の再建のために行う株主の入替えを、株主の多数決によって行うスキームの一部として利用される。すなわち、株主を入れ替えるには、今いる株主の地位を失わせる一方で、再建を支援する者に対して新株発行を行い、新たに株主になってもらうことになるが、その既存株主の地位を奪う方法として、既存株主が有する株式を全部取得条項付種類株式としたうえで、取得対価を0円として取得するのである。また、従来、全部取得条項付種類株式は、大株主による少数株主のキャッシュ・アウト（現金を対価として追い出すこと〔→第7章Ⅰ7〕）の手法としてよく利用されてきた。しかし、平成26年改正以降はキャッシュ・アウトの手法として株式併合（→Ⅲ1(1)）や特別支配株主の株式等売渡請求（→第7章Ⅰ8）の制度が利用可能となったため、全部取得条項付種類株式によるキャッシュ・アウトはほとんどみられなくなっている。

(d) 拒否権の定め

会社は、定款で定めれば、株主総会や取締役会において決議すべき事項の全部または一部について、当該決議のほかに、当該種類株式の種類株主を構成員とする種類株主総会の決議を必要とすることを内容とする種類株式を発行することができる（108条1項8号）。これは要するに、あらかじめ定められた一定の事項については、種類株主が種類株主総会を通じて承諾しない限りできないということであり（種類株主総会決議を欠くと効力を生じない〔323条〕）、その事項については当該種類株主に拒否権があるのに等しい（そのため、「拒否権付株式」などと呼ばれる）。

この種類株式を発行するには、定款で、拒否権の対象となる事項などを定めておかなければならない（108条2項8号）。

(e) 取締役または監査役の選任についての異なる定め

公開会社でない会社（かつ、指名委員会等設置会社〔→第4章Ⅷ〕でない会社）は、定款で定めれば、種類株主総会において取締役または監査役を選任するこ

とを内容とする種類株式を発行することができる（108条1項柱書・9号。「取締役選任権付株式」などと呼ばれる）。たとえば、出資比率は少ないが会社の事業に有益な技術や情報を提供できる株主に一定数の取締役等を選任する権利を与え、その者が経営に対して一定の影響力を行使できるようにするために用いられる。公開会社においては経営者の地位の保全のために濫用されるおそれがあるという判断から、この種類株式の発行は認められていない。

　この種類株式を発行するには、定款で、種類株主総会において取締役等を選任すること、および、そこで選任する取締役等の数などを定めておかなければならない（108条2項9号）。

(4)　種類株主間の利害調整に関する会社法上の仕組み

　種類株式発行会社では、様々な場面において種類株主間の利害の対立が問題となりうる。たとえば、1株当たりの優先配当額が定められている優先株式の数が増加したり、優先配当額が引き上げられたりすると、その分、普通株式の株主に対する配当はやりにくくなる。そのような利害対立の調整に関わる仕組みとして、会社法上、定款の定めに関する規定と法定種類株主総会とがある。

(a)　定款の定め

　(3)でみたように、各種類株式の内容は、少なくともその主要な内容はあらかじめ定款で定めておくことが要求されている。それらの定めは、当該種類株式の種類株主となろうとする者にその権利内容を知らせるだけではなく、ほかの種類株式の種類株主になろうとする者に対しても、将来の不利益の可能性についての予測を提供する。各種類株式の実質的な権利内容は相互に影響し合うため、定款に定めさせるというルールは利害調整の仕組みとして重要なものである。

　また、種類株式発行会社では、定款で、各種類株式につき会社が発行できる総数（「発行可能種類株式総数」）を定めておかなければならない（108条2項柱書）。これも、各種類株式の発行数の上限を定めておくことで、発行可能株式総数（→1(3)）のように各種類株式の中でのそれぞれの種類株主の持分比率の低下の限界を示すだけでなく、ある種類株式がどこまで増える可能性があるかを示すことによって、ほかの種類株式の種類株主が将来被るかもしれない不利

益の程度を予測することを可能にする。

(b) 法定種類株主総会

　種類株主総会とは、ある種類株式の種類株主を構成員とし、法律または定款で定めた事項について決議する機関である（321条）。たとえば、拒否権付種類株式（→(3)(d)）や取締役等の選任に関する種類株式（→(3)(e)）の種類株主を構成員とする種類株主総会で、拒否権の対象事項を決議したり取締役を選任したりする。

　種類株主間の利害調整のために、法により種類株主総会の決議が要求される場合がある。そのような種類株主総会を法定種類株主総会といい、それを要求する規定は会社法の各所にある。その中でも広い事項をカバーしているのが322条の種類株主総会であるが、そこでは、まず、①株式の種類の追加、株式の内容の変更、発行可能株式総数または発行可能種類株式総数の増加についての定款変更をする場合において、ある種類株式の種類株主に損害を及ぼすおそれがあるときは、当該種類株式の種類株主を構成員とする種類株主総会の特別決議が必要とされている（322条1項1号・324条2項4号）。これらは(a)で述べた利害調整の枠組みを変更するものであり、たとえば、配当に関する優先株式と普通株式を発行している会社では、優先配当額を増加させる定款変更には普通株式の種類株主、優先配当額を減少させる定款変更には優先株式の種類株主をそれぞれ構成員とする種類株主総会の特別決議が必要となる。

　また、322条では、②同条1項に列挙された①以外の各種行為を行う場合においても、ある種類株式の種類株主に損害を及ぼすおそれがあるときは、当該種類株式の種類株主を構成員とする種類株主総会の特別決議が必要とされている（同項1号の2〜13号・324条2項4号）。ただし、定款で定めておけば、こちらの種類株主総会決議は要しないとすることもできる（322条2項・3項。その代わり、株式買取請求権が与えられている〔116条1項3号〕）。

3　株主平等原則

(1)　株主平等原則

　109条1項は、会社は、株主を、その有する株式の内容および数に応じて、平等に取り扱わなければならないとしている。「数に応じて」というのは、各

株主の持株数に比例した取扱いが必要だということである。「内容に応じて」というのは、異なる種類株式の間の取扱いの違いは当然あるにしても、同じ種類株式の種類株主の中ではやはり持株数に比例した取扱いが必要だということである。一般に、このような要請は株主平等原則と呼ばれ、これに反する会社の行為（定款の定め、株主総会・取締役会の決議、代表者による執行行為など）は違法と評価され、行為の有効性が問題となる場合には無効となると解されている。

　もっとも、この原則も絶対的なものではなく、合理的な理由に基づく差別的な取扱いが一切許されないということはない。差別的な取扱いに必要性（正当な目的があること）と相当性（その目的に照らしてやり過ぎではないこと）が認められる場合には、そのような取扱いを株主平等原則違反により違法・無効とする必要はないと解されている。たとえば、少なからぬ上場会社が実施している「株主優待制度」というものがある。これは、会社が、各株主の持株数とは無関係に一律に、あるいは、一定数以上の株式を有する株主のみに自社のサービス・製品を無料で提供したり、値引きをしたりするというものである。このような制度においては、確かに各株主の持株数に応じた平等な取扱いがなされていないが、個人株主づくり、自社サービス・製品の宣伝といった一応の合理的な理由があり、かつ、金額的にも少額のものであることから、現実に行われているものの多くは違法なものではないとする評価が多い。

(2)　公開会社でない会社における株主の権利に関する属人的な定め

　公開会社でない会社では、(1)でみた109条１項にかかわらず、定款に定めを置けば、剰余金の配当・残余財産の分配を受ける権利、株主総会における議決権について、株主ごとに異なる取扱いを行う旨を定めることができるとされている（同条２項）。公開会社でない会社では株主が固定的で相互の関係が緊密で、株式ではなく株主に着目して属人的に異なる取扱いを認めるニーズもあり、それを認めても特段の不都合はないと考えられるために認められた例外である。そのような定めを置くための定款変更には、通常の定款変更の場合に必要な株主総会の特別決議よりもさらに決議要件が加重された株主総会の決議（総株主の半数以上で、かつ、総株主の議決権の４分の３以上に当たる多数による株主総

会決議）が必要である（309条4項）（→第4章II 4(4)(c)(イ)）。

　これは株主に着目して異なる取扱いをするものであり、各株主の有する株式が異なる種類株式となるわけではない（譲渡されれば異なる取扱いはなされない）。しかし、各株主が株式を保有し続ける限り、その実質は種類株式と異ならないため、会社法の多くの規定との関係では、各株主が有している株式を種類株式とみなすとされている（109条3項）。

4　株主の権利行使に関する利益供与の禁止

(1)　趣　旨

　120条1項は、会社は、何人（なんぴと）に対しても（＝どんな人に対しても）、株主の権利の行使に関し、自己またはその子会社の計算において（＝経済的負担によって）財産上の利益を提供してはいけないとしている。これは、もともと、かつて広くみられた、いわゆる「総会屋」への対策として置かれた規定である。総会屋とは、株主として株主総会に出席したうえで不規則な発言などで議場を荒らしたり、そうしないことの見返りに会社に金品を要求したり、あるいは、会社の側からの積極的な依頼を受けて現経営陣にとって不都合なほかの株主の動きを威圧したりすることで経済的な利益を得る反社会的勢力のことである。この禁止の違反には刑事罰があり（970条）、総会屋が関係する場面では厳格に執行されてきたため、現在では総会屋の活動は沈静化しており、当初の立法目的は一応果たされている。

　もっとも、本規定の文言は総会屋に関連するものに限定されてはいない。それは、「総会屋」を法律上定義することが難しかったためであるが、たとえ総会屋が関係していなくても、取締役等の経営者が会社の資産を使って株主の権利行使を自己にとって都合のいいように誘導するのは決して望ましいことではない。会社資産を使った取締役等の私的な利益の追求を防ぐ仕組みは色々とあるが（たとえば、利益相反取引規制〔→第4章III 1(4)(c)(イ)〕）、本規定は、（取締役等の動機はとりあえず問題とせずに）会社資産を利用した株主の権利行使の誘導という要素に着目してそれを禁止するものとして、そのような仕組みの一つと考えることもできる。

(2) 違反の効果

株主の権利行使に関する利益供与に当たるとされると、供与を受けた者は会社に対してそれを返還する義務を負い、関与した取締役らも会社に対して供与額相当を弁済する義務を負う（120条3項・4項本文）。これらの責任は株主代表訴訟によって追及することもできる（847条1項）。

取締役らのうち、利益供与を実際に行った者以外については、職務を行うにつき注意を怠らなかったことを証明すれば責任を免れる（120条4項ただし書）。逆にいうと、利益供与を行ったとされた者は注意を尽くしたことを主張・立証しても責任を免れることはできない（無過失責任）。また、上述のように、利益供与禁止の違反に対しては刑事罰がある。

II　株式の譲渡と権利行使の方法

1　はじめに

株主は株式を譲渡することができる（127条）。株式会社では、会社にいくら資産があっても、個々の株主が自由に会社に対して出資の返還を要求したり、利益の分け前を請求したりすることはできない（→第6章II）。したがって、株主にとっては、株式を譲渡（売却）してしまうことが株式を換金する主な手段となる。ただ、株式自体は細分化された社員の地位にすぎず、物として存在するものではない。そのため、会社法は、単に株式を譲渡できるとするだけではなく、譲渡の方法やそれを会社や第三者に対して主張する方法、あるいは、会社は誰を株主として取り扱えばよいかなどについてのルールを定めている。本項ではそれらについてみていく。

会社は、その株式に係る株券を発行する旨を定款で定めることができ（214条）、そのような定めのある会社を「株券発行会社」という（117条7項）。これに対して、そのような定めのない会社を本書では「株券不発行会社」と呼ぶことにする。株券は、株式を紙（証券）に結合させ、その紙をやりとりすることで簡単に株式の譲渡ができるようにするための仕組みである。かつて、株式会社は必ず株券を発行するものとされていたが、現在では、株券不発行会社が会

社法上の原則とされている。そうされた理由は、まず、数としては株式会社の圧倒的多数を占める、株主の変動に乏しい閉鎖会社では、わざわざ株式の譲渡を簡単にできるようにするニーズがないからである。また、株式が市場で頻繁に取引されている上場会社についても、情報通信・処理技術が発達した現代においては、紙の存在を前提とした仕組みはかえって面倒だからである。現在、上場会社では株式振替制度という、会社法とは別の法律による制度によって株式の譲渡がなされている。

　以下では、会社法上の原則である、株式振替制度対象会社を除く株券不発行会社における株式の譲渡と権利行使の方法に関するルール（→2）、株券制度によって譲渡を容易化した株券発行会社におけるルール（→3）、さらに譲渡を容易化した株式振替制度対象会社におけるルール（→4）の順にみていく。その後、会社との関係で特別な手続が必要となる譲渡制限株式の譲渡に関するルールを説明する（→5）。最後に、株式の譲渡と関連の深い、株式の担保化についてみることにする（→6）。

2　株券不発行会社（株式振替制度対象会社を除く）におけるルール

(1)　株式譲渡の方法と対抗要件

　株券不発行会社では、株式の譲渡は当事者間の意思表示（「株式を譲渡します」「株式を譲り受けます」）によってその効力を生じる。しかし、当事者間の意思表示の有無を外部から認識するのは難しい。そこで、譲受人が会社や第三者（譲渡人から同じ株式を譲り受けたと主張する者や、譲渡人の財産から弁済を受けようと目論む譲渡人の債権者など）に対してすでに自分が株主であることを主張するには、次にみる株主名簿の名義書換が必要とされている（130条1項）。

(2)　株主名簿

(a)　株主名簿とは

　株主名簿とは、①株主の氏名・名称と住所、②各株主の有する株式の数、③各株主の株式取得日などを記載・記録したものである（121条）。株券不発行会社（株式振替制度対象会社を除く）の株主には、この株主名簿以外に自己が株主であることを示すものがないため、売買交渉などに使うために会社に対して株

主名簿記載事項を記載した書面等の交付を請求できるとされている（122条）。

　株主名簿は、会社の本店に備え置かれ、株主や債権者などによる閲覧・謄写（コピーすること）等の対象となる（125条）。

(b)　名義書換

　株券不発行会社（株式振替制度対象会社を除く）の株式の譲受人は株主名簿の名義書換をしなければその地位を会社・第三者に対して対抗できないため、通常は会社に対して名義書換を求めることになるが、それは、基本的には、株主名簿上の株主（多くの場合は譲渡人）またはその相続人等と共同して行わなければならないとされている（133条、施行規則22条1項）。譲受人と称する者だけで名義書換を求めてきても、会社としてはその者が本当に株式を譲り受けたのかどうか判断できないからである。

　会社の事務処理上の便宜のために、会社が株主に対してする通知や催告は、株主名簿上の株主の住所、または、株主が会社に通知した宛先に対して発すればよく、その通知・催告はそれが通常到達すべきであったときに到達したものとみなされる（126条1項・2項）。そのため、たとえば株主が引っ越したりしていて実際には通知を受け取れなかったとしても、通知を受け取ったものとして扱われることになる。会社がこのルールに従って株主に対する通知・催告を発してきたが、それが5年以上継続して到着しない場合には、もはや当該株主に対しては通知・催告はしなくてよい（196条1項）。

(c)　基準日制度

　株主総会において議決権を行使したり、配当が行われる場合にそれを受け取ったりするのは、その時点における株主名簿上の株主であるのが原則である。しかし、会社が行う行為には通常、色々と時間がかかるので、特に株式の譲渡が自由に行われている場合、権利行使が行われる日よりも前のどこかの時点で権利者を確定できるようにしないと収拾がつかなくなる。

　そこで、会社は、権利行使の日の前3ヶ月以内の日を基準日として定め、その日の株主名簿上の株主が権利者となることを定めることができるとされている（124条1項・2項）。基準日を考慮して株式の取引を行えるようにするため、また、名義書換未了の株主に基準日までの名義書換を促すために、基準日を定めた場合には、会社は当該基準日の2週間前までに公告を行わなければならな

い。ただし、定時株主総会（→第4章Ⅱ1）における議決権行使のように、基準日が毎年同じでよいものについては、あらかじめ定款で定めておくことにすれば公告は不要となる（以上、124条3項）。

3　株券発行会社におけるルール

(1)　株券の発行

株券発行会社は、株式発行後遅滞なく、当該株式に係る株券を発行しなければならない（215条1項）。ただし、公開会社でない株券発行会社では、株主からの請求がある時までは株券を発行しなくてもよい（同条4項）。また、株券の紛失・盗難等の結果、株式まで失ってしまうことをおそれる株主のために（→(2)(b)）、株主の申出により当該株主の有する株式に係る株券を必要な時まで発行しないこととする制度もある（株券不所持制度〔217条〕）。

株券には、会社の商号、当該株券が表章する株式の数、譲渡制限株式であるときはその旨、株券番号を記載し、会社の代表者が署名または記名押印しなければならない（216条）。

(2)　株式譲渡の方法と対抗要件

(a)　譲渡方法と対抗要件

株券発行会社では、株式は株券という証券に結合しており、株式の譲渡は株券の交付がなければその効力を生じないとされている（128条1項）。その代わり、株券の交付を受け、それを占有することにより、譲受人は第三者に対して自己が株主であることを主張できる。つまり、いちいち株主名簿の名義書換をしないと、事実上、意味のある譲渡ができない株券不発行会社の場合よりも、株式の譲渡が行いやすくなっている。

しかし、会社との関係でも同様のルールだとすると、会社は株主の権利行使のたびに株券を確認しなければならなくなり、面倒である（それは株主にとっても不便である）。そこで、譲受人が会社に対して自己が株主であることを対抗するには、株主名簿の名義書換が必要とされている（130条2項）。株券発行会社における株主名簿の名義書換は、基本的には、譲受人が会社に対して株券を提示して請求することで行われる（133条、施行規則22条2項）。

(b) 株式の善意取得

株券自体は物であり、盗まれたりするので、株券の占有者が常に株主であるとは限らない。しかし、それをいちいち疑わなくてはならないとすると、株券のやりとりによる株式の譲渡の妨げになりかねない。そこで、まず、株券の占有者は当該株券が表章する株式についての権利を適法に有するものと推定するとされている（占有の資格授与的効力〔131条1項〕）。そして、株券の占有にそのような効力があることを前提に、株券を占有する者から株券の交付を受けた者は、株券の占有者がたとえ無権利者であったとしても、そのことについて悪意または重大な過失がない限り、当該株券が表章する株式についての権利を取得するとされている（同条2項）。株式の流通性を高めるための善意取得の制度である。

4　株式振替制度対象会社におけるルール

上場会社の株式は市場で頻繁に取引される。かつて、株券はそのような市場での取引を支える重要な仕組みであったが、情報通信・処理技術の発達により時代遅れのものとなった。現在では、上場会社はすべて株券不発行会社であり、その上場された株式は「社債、株式等の振替に関する法律」（以下「振替」という）による株式振替制度（振替128条以下）の対象である振替株式となっている。振替株式の譲渡や権利行使に関するルールは、以下にみるように、同法によって会社法上のルールとは大きく異なるものとなっている。

(1) 振替株式の譲渡

振替株式である上場会社の株式を保有しようとする投資者は、証券会社等に振替口座を開設しなければならない。振替口座には、その投資者が権利者となっている株式の銘柄や数などが記録される。振替口座が開設される証券会社等の金融機関を、振替制度上、口座管理機関という。口座管理機関は、さらにその上位の口座管理機関や振替制度の頂点にある振替機関（現状、株式会社証券保管振替機構〔通称、ほふり〕がわが国唯一の振替機関である）に振替口座を開設している。その振替口座は、口座管理機関自身が権利者となっている株式の銘柄や数などを記録した口座（「自己口座」）と、その顧客（上記の投資者など）が権利

者となっている株式の銘柄や数などをまとめて記録した口座（「顧客口座」）とに分かれている。

　振替株式の譲渡が行われた場合、譲渡人は振替口座を開設している口座管理機関・振替機関に口座振替の申請をする。申請は、振替口座を通じてつながっている口座管理機関・振替機関の間で順次通知されてゆき、最終的に譲受人の振替口座を管理する口座管理機関・振替機関に到達する。それによって、譲渡人の振替口座において株式数の減少などの記録がなされ、譲受人の振替口座において増加などの記録がなされ、各口座管理機関の振替口座（顧客口座）においても適宜必要な増減などの記録がなされる。

　振替株式の譲渡は、以上のような仕組みを通じて、譲受人がその振替口座における保有欄に記録を受けなければその効力を生じない（振替140条）。なお、振替口座の開設者は振替口座に記録された株式についての権利を適法に有するものと推定され（振替143条）、その者の申請により振替を受けた者は、悪意・重過失がない限り、当該記録に係る権利を善意取得する（振替144条）。

(2)　総株主通知と株主名簿

　振替株式についても株主名簿制度はあるが、株式の譲受人が名義書換を行うのではない。まず、振替機関は必要な場合に自己および各口座管理機関にある振替口座の内容を集約することで、現時点で誰がどれだけの株式を保有しているかを知ることができる立場にある。そして、振替機関は、会社が権利行使を行う株主を特定しなければならない場合のために、基準日等における株主の状況を発行会社に対して通知しなければならないとされている（振替151条）。これを総株主通知という。会社は総株主通知を受けて株主名簿の名義書換を行い、その株主名簿上の株主に権利行使させることになる（振替152条1項）。

　なお、会社は、定款に定めた株主名簿管理人に対し、会社に代わって株主名簿関連の事務を行うことを委託することができる（123条）。上場会社では上場の条件との関係で株主名簿管理人の設置は事実上義務となっており、信託銀行などがその役を引き受けている。したがって、総株主通知を受けて株主名簿の名義書換を行っているのは、実際にはそのような株主名簿管理人である。

(3) 個別株主通知

　株主名簿の名義書換は(2)で述べたように行われるだけなので、個人的に権利行使しようとする株主がその時点で要件を満たす株主であるのかを株主名簿によって確認することはできない。そこで、株主が「少数株主権等」（基準日にかかる権利以外の株主の権利〔振替147条4項〕）を行使する場合には、当該株主は自己が振替口座を開設している口座管理機関を通じて、振替機関に対し、自己が有する振替株式の数や増減の経緯を会社に対して通知するように申し出なければならないとされている（振替154条）。これを受けて振替機関が発行会社に対して行う通知を個別株主通知という。要するに、振替株式については、株主の側からする個別的な権利行使の可否は株主名簿ではなく、個別株主通知によって明らかとなる振替口座の記録をもとに決まるということである。

5　譲渡制限株式の譲渡手続

　譲渡制限株式の譲渡も当事者間では有効だが、会社との関係では会社の承認を要する。しかし、会社が承認しなければまったく譲渡のチャンスがないとすると、株主が株式を金銭に換える機会が著しく制限されることになる（→第1章Ⅱ2）。そこで、会社法は、株主にそのような機会を確保する要請と、株式の譲渡を制限するニーズとの調整のために、譲渡制限株式の譲渡手続についての詳細なルールを定めている。

(1)　譲渡等承認請求と買取請求・指定買取人指定請求

(a)　譲渡等承認請求ができる者

　譲渡制限株式の譲渡による取得の承認を請求することができるのは、まず、株式を譲渡しようとしている株主である（136条）。また、譲渡制限株式の譲渡も当事者間では有効であるため、譲渡制限株式を取得した者（「株式取得者」）もその取得について承認請求をすることができるとされている（137条1項）。ただし、株券発行会社で株券を持ってきたような場合でなければ、本当に株式を取得した者であるか判断できないので、基本的には譲渡人と共同して請求しなくてはならないとされている（同条2項、施行規則24条）。

(b)　買取請求・指定買取人指定請求

　譲渡等の承認の請求者が、承認してもらえないなら諦めるつもりであれば、譲渡等承認請求に対する会社の判断を待てばよい。しかし、相手は誰でもいいから売りたいと考えている株主や、株式の取得を承認してくれないなら代わりに誰かに買ってほしいと考えている株式取得者はそれでは困る。そこで、そのような者は、譲渡等承認請求に加えて、譲渡等を承認しないならば会社または会社が指定する者（指定買取人）が当該株式を買い取ることを請求することもできるとされている（138条1号ハ・2号ハ）。

(2)　請求に対する判断
(a)　譲渡等承認請求に対する判断

　譲渡等承認請求を受け、譲渡の承認をするか否かの判断をするのは、取締役会設置会社では取締役会、それ以外の会社では株主総会（普通決議）であるが、定款の定めにより変更することも可能である（139条1項）。決定後、会社は請求者に決定の内容を通知しなくてはならない（同条2項）。請求の日から2週間以内にこの通知がなされなければ、別段の合意がない限り、譲渡等が承認されたものとみなされる（145条1号）。

(b)　買取請求・指定買取人指定請求に対する判断

　譲渡等を承認しなかった場合、買取請求・指定買取人指定請求があわせてなされていれば、会社は自分が買い取ることを決定するか、指定買取人を指定するか（あるいは、一部ずつにつきその両方か）しなければならない（140条1項・4項）。会社が買い取ることは自己株式の取得に当たるので、自己株式取得におけるルール（→第6章Ⅱ3(2)(b)）にならい、その決定は請求者の議決権を排除した株主総会の特別決議によらなければならない（140条2項・3項・309条2項1号。また、「分配可能額」による財源規制〔→第6章Ⅱ1〕の対象である〔461条1項1号〕）。指定買取人に買い取らせることとした場合には、定款に別段の定めがない限り、取締役会設置会社では取締役会決議、それ以外の会社では株主総会の特別決議で指定買取人を指定しなくてはならない（140条5項・309条2項1号）。

⑶ その後の手続

譲渡等承認請求が承認されれば、譲受人は晴れて会社との関係でも株主として株主名簿の名義書換の手続を行うことができる（134条1号・2号参照）。

譲渡等承認請求が承認されず、買取請求を受けて会社または指定買取人が買い取ることとした場合には、会社または指定買取人は一定額を供託したうえで、請求者に対して買取りの通知をしなければならない（141条1項・2項・142条1項・2項）。会社が譲渡等承認請求を承認しない旨の通知をした日から10日以内に指定買取人が買取りの通知をしなかった場合には、指定は失効する。指定買取人からの買取りの通知がなく、かつ、譲渡等承認請求を承認しない旨の通知の日から40日以内に会社からの買取りの通知もなかった場合には、別段の合意がない限り、譲渡等承認請求は承認されたものとみなされる（145条2号）。

会社または指定買取人によるこの買取りの通知がなされると、以後、請求者は会社・指定買取人の承諾がない限り請求を撤回することができなくなる（143条）。その点では売買契約が成立したのと同じような状態になるが、一番肝心な買取価格はまだ決まっていない。売買価格の決定は、まずその後の会社・指定買取人と請求者との間の協議により、協議が調わない場合には、それらの者の申立てを受けて裁判所が価格を決定する（144条）。

6　株式の担保化

ほかの財産権と同様に、株主は株式を自らの債権者のために担保に供することができる。その方法としては、株式に質権を設定するという方法（→⑴）と、株式を譲渡担保に供する方法（→⑵）とがあり、また、それぞれについて、会社に担保権の設定が分からない略式型と、会社から担保権の設定ないし権利の変動がみえる登録型とがある。

⑴　株式の質入れ
⒜　略式株式質権

株主は株式に質権を設定することができるが、株券発行会社では質権者に対する株券の交付がなければその効力を生じない（146条）。質権者は株券を継続して占有することで対第三者対抗要件を備える（147条2項）。これだけだと会

社は質権が設定されていることを知ることができないが（略式型）、質権は成立しており、質権者には優先弁済権（民法362条2項・342条）や物上代位（151条）なども認められる。もっとも、配当金等に対して物上代位権を行使するには、会社から株主である質権設定者にそれが交付される前にタイミングよく交付請求権を差し押さえる必要があるので（民法350条・304条1項ただし書）、実際に行使するのはなかなか難しい。

　振替株式ではない株券不発行会社の株式については、当事者間の契約のみで質権を設定できるが、略式質のままだと会社や第三者に対抗できないので実際上は意味がない。

　振替株式にも質権を設定することができ、株主である質権設定者による口座振替の申請により、質権者がその振替口座における質権欄に記録を受けることで効力を生じる（振替141条）。質権者の質権欄に記録された株式については、質権者からの申出があったときのみ、総株主通知（→4(2)）に際して質権者の情報が会社に通知される（振替151条2項2号・3項・4項）。この申出がなされておらず、会社が質権者の存在を知ることができないものが振替株式についての略式型の株式質権に当たる。

(b)　登録株式質権

　振替株式以外の株式については、質権者の氏名・名称および住所を株主名簿に記載・記録すれば、会社に対して質権を対抗できる（147条1項）。これを登録株式質権といい、登録株式質権者に対しては、物上代位の目的物が直接交付されるほか（153条・154条）、会社法上、株主に対する通知が必要となる様々な場合に株主と同様に通知がなされる。

　振替株式では、質権者からの申出により、総株主通知に際して質権者の情報が会社に通知されるものが登録株式質権に当たる。

(2)　株式に対する譲渡担保権の設定

　株式は譲渡担保に供することもできる。株券発行会社では、譲渡担保権を設定する趣旨で株券を交付すればよい。その場合、単に株券を交付する略式型（会社からみると、担保権設定者が株主）と、株主名簿の名義まで書き換える登録型（会社からみると、譲渡担保権者が株主）とがありうる。

振替株式ではない株券不発行会社の株式については、譲渡担保の設定も意思表示のみで可能であるが、株主名簿上の名義を書き換える登録型でないと、やはり実際上は意味がない。

　振替株式の譲渡担保は、譲渡担保に供する旨の合意に従い、担保権者の振替口座の保有欄に株式の記録がなされることで効力を生じる。それだけだと、総株主通知に際して担保権者の情報が会社に通知されるので、登録型の譲渡担保ということになる。略式型にしたい場合には、担保権者が総株主通知に際して譲渡担保権設定者の情報が通知されるように申出をしておかなければならない（振替151条2項1号参照）。

Ⅲ　株式の大きさの調整

　たとえば、株主に属すべき企業価値が10000の会社があったとする。この会社が株式を100株発行していたとすると、1株当たりの価値は100となる。1000株発行していれば10、10000株発行していれば1である。このように、同じ企業価値の会社であっても、その発行している株式の数に応じて1株当たりの価値は変わってしまう。本項では、そのような株式の大きさ（「出資単位」ともいう）の調整に関係する諸制度について説明する。

1　株式の併合・株式の分割・株式無償割当て

(1)　株式の併合

(a)　株式の併合とは

　株式の併合とは、2株を1株に、3株を2株にという具合に、複数の株式をあわせてより少数の株式とすることである。株式の併合を行うと1株当たりの価値は大きくなる。

　会社はどういう目的で株式の併合を行うのだろうか。企業価値のわりに発行済株式総数が多い会社は、価値の低い株式を少しずつしかもっていない零細な株主がたくさんいるという状態になりうる。会社はそういった零細な株主にも株主総会の招集通知を送ったり、手数料を負担して配当金を支払ったりしなくてはならないが、そのための費用（「株主管理コスト」と呼ばれる）は結構馬鹿に

ならない。株式の併合を行って出資単位を引き上げれば、そのような株主管理コストを削減でき、ひいては株主の利益にもなる。

　また、株式の併合を利用すれば、大株主の主導により金銭を対価として少数株主から株式を奪い、大株主が会社の全株式を有するようにするいわゆるキャッシュ・アウト（→第7章Ⅰ7）を行うこともできる。例えば、会社が発行する1000株のうち、Aが800株、Bが100株、Cが60株、Dが40株を有しているときに200株を1株にする株式の併合を行えば、計算上、併合後はAが4株、Bが0.5株、Cが0.3株、Dが0.2株を有することになる。ここでB・C・Dに生じる端数の株式は金銭処理（→コラム①）に乗せられるため、Aか会社が金銭処理のためのお金を出すことにすれば、Aだけが当該会社の株主として残ることになる。

コラム①　株式の端数の金銭処理

　株式併合などの会社の様々な行為によって、計算上、株式について1株未満の端数が生じることがあるが、会社法は、端数についての株式は成立しないこととしたうえで、端数が生じた株主に経済的不利益がないように、原則として金銭で処理すべきこととしている（234条・235条。例外的処理として、167条3項・202条2項ただし書参照）。

　その方法は、大雑把にいえば、各株主に生じる端数を集めて端数のない数の株式とし、それを換価して得られた金銭を端数の生じた株主に分配するというものである。本文の例でいえば、B・C・Dに生じた端数を集めた1株（0.5＋0.3＋0.2）をお金に換えて、その50％をBに、30％をCに、20％をDに分配するということである。問題はどうやって換価するかであるが、適当に安値で換価されると端数が生じた株主が損をするので、その方法は、競売、市場価格がある株式であれば市場価格での売却、市場価格がなければ裁判所の許可を得たうえで競売以外の方法での売却のいずれかしか認められていない。

　なお、株式併合によってキャッシュ・アウトを行う場合には、裁判所の許可を得るなどして大株主が買い取るか会社自身が自己株式の取得として買い取ることになる。また、この金銭処理による見込額は事前に開示され、それに不満のある反対株主には株式買取請求権が与えられている（→(b)(イ)）。

(b) 株式の併合の手続

株式の併合により1株1株が大きくなれば、それだけ売買が成立しにくくなる（株式の流通性の低下。1株10万円なら買える人はいくらでもいるが、1株1億円ではそうはいない）。また、株式の併合により端数が生じる株主はその持分割合の一部または全部を失うことになる（その極端な場合がキャッシュ・アウト）。以上のような株主の不利益の可能性から、株式の併合については比較的厳重な手続が定められている。

(ア) 株主総会特別決議など

会社は、株式の併合をしようとするときには、株主総会の特別決議により、併合の割合、効力発生日、効力発生日における発行可能株式総数などについて定めなければならない（180条2項・309条2項4号）。株主総会では、取締役は株式の併合が必要な理由を説明しなければならない（180条4項）。

株式の併合の効力はここで定めた効力発生日に発生するが（182条1項）、その20日前までの株主等に対する通知・公告が要求されているので（181条）、決議日を効力発生日としたりして不意打ち的に株式の併合を行うことはできない。

効力発生日における発行可能株式総数についてわざわざ決議させるのは、株式の併合により発行済株式総数が減少するのに発行可能株式総数がそのままでは、株主の持分比率の低下の限界を画するという発行可能株式総数の機能（→I1(3)）が無意味になるからである。そのため、公開会社においては、定款変更による発行可能株式総数の増加の場合（113条3項）と同様に、ここで改めて定める発行可能株式総数は株式の併合後の発行済株式総数の4倍を超えることはできないとされている（180条3項）。

(イ) 開示・差止め・反対株主の株式買取請求権

多数決による株主総会特別決議だけでは少数株主の利益を保護することが難しいため、さらに、組織再編その他の場合に準じて株主を保護するための仕組みが整備されている（ただし、単元株式数〔→2〕の株式を1株にまとめたりするだけであれば株主にほとんど不利益はないので、以下の仕組みの対象外とされている〔182条の2第1項柱書括弧書〕）。

まず、組織再編などの場合（→第7章II2）と同様の事前・事後の情報開示

が要求されている（182条の2・182条の6）。また、株式の併合が法令または定款に違反し、株主が不利益を受けるおそれがある場合には、株主はその差止めを求めることができるとされている（182条の3）。

さらに、キャッシュ・アウトが行われる場合を念頭に、株式の併合により生じる株式の端数部分について反対株主に株式買取請求権が与えられている（182条の4）。これにより、株式を失う対価の相当性について、最終的には裁判所に判断してもらうことができるようになっている（182条の5）。

(2)　株式の分割

(a)　株式の分割とは

株式の分割とは、1株を2株に、2株を3株にという具合に、今ある株式を細分化してより多数の株式とすることである。株式の分割を行うと1株当たりの価値は小さくなる。株価が高騰して流通性が低下している場合に分割を行えば、株価を適切な水準まで下げることができる。

(b)　株式の分割の手続

株式の分割を行っても、通常、株主に特に不利益は生じないため（一部の種類株式だけを分割すれば色々ありうるが、法定種類株主総会〔→Ⅰ2(4)(b)〕によって対処する）、株式の併合と比べると、株式の分割の手続はかなり軽い。

会社は、株式の分割をしようとするときは、取締役会設置会社では取締役会決議、それ以外の会社では株主総会の普通決議で、分割の割合、分割に係る基準日、効力発生日などについて定めなければならない（183条2項）。分割に係る基準日とは、株主名簿の基準日制度（→Ⅱ2(2)(c)）における基準日のことである。したがって、会社は、株式の分割の決議を行うと、当該基準日の2週間前までに株式の分割について公告しなければならない（124条3項）。以上の手続が行われれば、効力発生日に株式分割の効力が生じる（184条1項）。株式に生じる端数は金銭処理される（235条）（→コラム①）。

なお、株式の分割を行うと分割後の株式の数が定款に定められている発行可能株式総数を超えてしまうという事態が生じうるが、発行可能株式総数を増加させるために株主総会の特別決議により定款変更をするのは面倒であるし、株式の分割にスライドして発行可能株式総数を増加させても株主に特段の不利益

はない。そこで、株式の分割に際して発行可能株式総数を比例的に（あるいは
それ以下に）増加させる定款変更（たとえば、1株→2株の株式の分割に際して発行
可能株式総数を2倍以下にする定款変更）は、定款変更であるにもかかわらず、株
主総会の決議によらずにできるとされている（184条2項）。

(3) 株式無償割当て

(a) 株式無償割当てとは

会社は、株主に対して新たに払込みをさせないで当該会社の株式の割当てを
することができる（185条）。これを株式無償割当てという。割当ては各株主の
持株数に応じてしなければならない（186条2項）。

たとえば、1株につき1株を割り当てる株式無償割当てを行うと、1株を有
していた株主は2株を有することになり、3株を有していた株主は6株を有す
ることになる。これは、1株を2株に細分化する株式の分割を行ったのと等し
い。ただ、株式の分割では、どこまで分割しても分割後の株式は元の株式と権
利内容は同じで、株式の価値が小さくなるだけである。それに対して、株式無
償割当てでは、割り当てる株式は当該株主が有する株式と同じ種類の株式であ
る必要はなく、たとえば、普通株式を有する株主に優先株式を割り当てること
もできる点に主な特徴がある。

(b) 株式無償割当ての手続

会社は、株式無償割当てをしようとするときは、取締役会設置会社では取締
役会決議、それ以外の会社では株主総会の普通決議で、株主に割り当てる株式
の数や種類、効力発生日、種類株式発行会社ではどの種類株式の種類株主を対
象とするかを定めなければならない（186条1項・3項）。株式に生じる端数は金
銭処理される（234条）（→コラム①）。株式無償割当ての結果生じる種類株主の
不利益については、法定種類株主総会（→Ⅰ2(4)(b)）の仕組みによって対処す
ることになる。

株式無償割当ての効力は定められた効力発生日に生じ、会社はその後遅滞な
く株主等に対して通知をしなければならないとされている（187条）。

2　単元株式数

(a)　単元株式数とは

株主総会における議決権は1株につき1個というのが原則であるが、会社は、一定の数の株式ごとに1個の議決権とする旨を定款で定めることもできる（188条1項）。1個の議決権が認められるこの一定の数を単元株式数という。単元株式数は任意に定めることができるが、それがあまりに大きいと株主の利益を害したり、十分な保護の仕組みがない中で事実上のキャッシュ・アウトが可能となったりするので、1000および発行済株式総数の200分の1を超えることはできないとされている（同条2項、施行規則34条）。

単元株式数に満たない数の株式を単元未満株式といい、単元未満株式の株主（単元未満株主）には議決権がない（189条1項）。そのため、出資単位が小さい会社でも、単元株式数を設定すれば、零細な株主に株主総会の招集通知を送ったりする必要がなくなる。しかし、本来、このようなことは株式の併合による出資単位の引上げでやればよいことであり、単元株式数のような制度を用意して対応する必然性はない。この制度は、多くの会社で零細株主の株主管理コストが問題視されていた時代に、一斉に出資単位の引上げを行うための過渡的な制度として1981（昭和56）年商法改正時に導入された制度（単位株制度）の名残にすぎない。とはいえ、多くの上場企業がその制度の対象であったため、そのまま多くの会社が単元株式制度に移行した。さらに、証券取引所において売買の対象となる最小の株式数（売買単位）と単元株式数は揃えられるのが通常であるところ、証券取引所が売買単位の統一化を進めたため、現在のすべての上場会社は100株を売買単位および単元株式数としている。

(b)　単元株式数の設定・廃止・増加・減少の手続

単元株式数の設定・増加は株主に不利益をもたらす可能性があるので、通常の定款変更として株主総会特別決議が必要になるが（466条・309条2項11号。株主総会ではそれを必要とする理由の説明も必要〔190条〕）、単元株式数の定めを廃止する場合や単元株式数の減少の場合には特に株主にとっての不利益は考えられないので、定款の変更であるにもかかわらず、取締役会設置会社では取締役会の決議、それ以外の会社では取締役の決定によってできるとされている（195条）。

また、株式の分割と同時に単元株式数を設定・増加する場合で、その後の各株主の議決権の数が従前の各株主の議決権の数を下回らないようにする場合にも、特に株主に不利益はないので、株主総会の決議によらずに定款変更ができるとされている（191条）。たとえば、もともと単元株式数の定めがなかった会社が、証券取引所の求めに応じて売買単位を100株にするのにあわせて単元株式数も100株とする際に、同時に従来の1株を100株とする株式分割を行うような場合である。

(c) 単元未満株主の権利

前述のように、単元未満株主には議決権がないが、単元未満株式といえども株式ではあるので、自益権は割合的に認められる。ただし、一定の自益権を除き、定款で制限することが認められる（189条2項）。

このように、単元未満株式は権利内容が制限されているため、単元未満株主としては単元未満株式を有しているという状態を解消したいはずである。そこで、まず、単元未満株主は会社に対して自己の有する単元未満株式を買い取ることを請求できるとされている（192条）（定款の定めは必要ない）。また、定款でその旨を定めてあれば、単元未満株主は会社に対して自己の有する単元未満株式の数とあわせて単元株式数となる数の株式を売り渡すことを請求することができる（194条1項）。売渡請求を受けた会社は、必要な自己株式を保有していない場合を除き、保有する自己株式を売り渡さなければならない（同条3項）。以上の買取請求と売渡請求における買取価格や売渡価格の決定はまず協議によるが、最終的には裁判所による価格決定を求めることができる（193条・194条4項）。

第4章

機　関

　ある人（自然人）が契約しようとするとき、その人は自然人であるから、契約をしようとする内心の形成や意思表示を、「あたま」や「くち」で行うはずである。

　では、「あたま」も「くち」ももたない会社は、どのようにして、契約を締結し、権利義務の主体となるのだろう。会社は、法人である（→第1章）。法人とは、要するにヒトでないものをヒトとして扱うという、法的な世界における約束事であるから、会社にも「あたま」や「くち」に相当する器官があることにする。これが「機関」である。

　この「機関」が担う機能について考えてみよう。会社をはじめとする法人が、ある行為を行うためには、まず「あたま」によって意思をもち、たとえば「くち」によってその意思を表示するなどの行為をしなければならない。「あたま」に当たる機能をもつ機関が「意思決定機関」であり、「くち」に当たる機能をもつ機関が「執行機関」である。会社は、この意思決定機関と執行機関をもっている。たとえば、持分会社であれば、原則として社員の過半数によって業務執行の決定（＝意思決定）を行い、その執行は各社員が行う（590条1項。代表につき、599条1項）ので、社員が意思決定機関であり、執行機関でもある。一方、株式会社には意思決定機関として、株主総会や取締役会などがあり、意思決定機関により決定された意思を執行する（業務）執行機関として、たとえば、代表取締役がある。

　もっとも、株式会社が備える機関は、これらの意思決定機関や執行機関に限られない。一般的に、株式会社はメンバーである株主の数が多いので、意思決

定機関や執行機関による不適切な経営を防いだり、効率的な経営を確保するための別の機関があった方がよいと考えられるからである。このような機関を「監督機関」と呼ぶ。取締役会は意思決定機関であると同時に取締役や代表取締役の職務執行を監督する機関であり、ほかにも、取締役会・取締役・代表取締役の活動を監督する監査役という監督機関（監査機関）もある。このように、株式会社の「機関」は多様である。

I　株式会社の典型的な機関設計（機関の組み合わせ）

　株式会社を設立しようとするとき、どのような機関を設置したらいいのだろうか。会社法は、株主総会のほか、①取締役を置かなければならないこと、②定款の定めにより、取締役会、会計参与、監査役、監査役会、会計監査人、監査等委員会または指名委員会を置くことができること、を定めている（326条）（とりあえずここでは、これらの名前だけ覚えてほしい）。どの機関を選ぶか、迷うところかもしれないが、会社法のルール上の制約（→⑹）とどのような機関の組み合わせが合理的か、という観点からすると、実際には選択される機関の組み合わせはそれほど多くはなく、株式会社は次の(1)～(5)のどれかに分類される。

コラム①　取締役会設置会社

　取締役会設置会社は、2条7号において「取締役会を置く株式会社又はこの法律の規定により取締役会を置かなければならない株式会社」とされているが、とりあえず、取締役会を設置する会社が取締役会設置会社であると考えておいてよいであろう。非取締役会設置会社という用語は法文上のものではないが、一般に取締役会設置会社ではない株式会社を指す。取締役会設置会社は、原則として監査役設置会社（同条9号。監査役会設置会社〔同条10号〕も監査役設置会社である）、指名委員会等設置会社（同条12号）、監査等委員会設置会社（同条11号の2）のいずれかである（327条2項。例外は、(i)非公開会社において会計参与を設置する場合〔同項ただし書〕と(ii)非公開会社において監査役の監査の範囲を会計に関するものに限定する旨の定款の定めを置く場合〔389条1項・2条9号〕である）。

(1) 非取締役会設置会社

　株式会社は、持分会社と異なって、社員（株主）以外の者に経営（業務執行の意思決定・業務執行）を任せる仕組みである（結果的に株主自身が経営者として経営を行うことはもちろんありうる）。したがって、最もシンプルなのは、株主総会において会社の経営を行う人（業務執行者）を最低1名選ぶ、という形の組織形態である。経営を行う人（＝機関）を取締役と呼ぶ。このような、株主総会と取締役のセットが第1の選択肢である。

(2) 取締役会設置会社（監査役設置型）

　(1)のような機関構成にする場合、経営を任される人（＝取締役）が「きちんと」（会社＝株主の利益を考えた）経営を行っているかは、株主自身が監視しなければならない。もし株主の数が多いとか、株式譲渡によって株主が頻繁に変動するといった理由からこのような監視を行うことが現実的でない場合には、どうしたらよいだろうか。解決策の一つとして、業務執行者の選任や監督を株主に代わって行う人を株主総会で選任するということが考えられる。このようにして、①株主総会において株主は取締役を3名以上選任する、②取締役から構成される取締役会は取締役の中から業務執行者（代表取締役）を互選し、その職務執行を監督する、という組織形態が考え出される。このような仕組みにおいては、会社法上、取締役を監視する監査役を原則として設置する必要がある。本章では、取締役会設置会社（監査役設置型）と呼ぶ。

(3) 監査役会設置会社

　取締役会設置会社（監査役設置型）の重要なバリエーションとして、監査役会設置会社がある。これは、監査役3名以上から構成される監査役会という機関を設置するものであり、主として大会社である公開会社において採用される組織形態である。大会社である公開会社においては会計監査人が設置される（328条1項）。なお、非取締役会設置会社である監査役会設置会社というものは存在しない（327条1項2号参照）。

【図】

(1) **非取締役会設置会社**

(2) **取締役会設置会社（監査役設置型）**

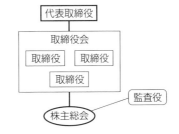

(3) **監査役会設置会社**　　　　(4) **指名委員会等設置会社**

(5) **監査等委員会設置会社**

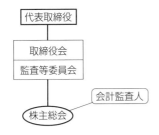

(4) 指名委員会等設置会社

　(2)の説明に何か違和感を感じなかっただろうか。株主総会が株主に代わって業務執行者を選任・監督してくれる人（＝取締役）を選ぶ、というのであれば、取締役の中から業務執行者を選ばなければならない必然性はない。むしろ、取締役の中から業務執行者を選ばなければならないということになれば、取締役は業務執行者の候補者ということにもなり、取締役会の監督機関としての位置

づけは曖昧なものになるともいえよう。そこで、(2)で述べた考え方を徹底して、業務執行者を取締役から選ばなくてもよいことにしてはどうだろうか。そうすれば取締役会は業務執行から距離を置くことができるから、取締役会はよりよく業務執行者を監督することができる。このような考え方に基づく機関設計が、指名委員会等設置会社である。これは、2002（平成14）年の商法改正に際して導入されたものであり、取締役会の下に取締役によって構成される三つの委員会（指名委員会、監査委員会、報酬委員会）を設けるとともに、業務執行機関として「執行役」を設ける組織形態である。このほか、指名委員会等設置会社には会計監査人が必ず設置される。

(2)(3)の組織形態と異なる点として、①取締役以外の者が業務執行者である執行役となりうる、②取締役会が業務執行者（執行役）にその決定を委任できる事項が広範である（416条4項参照）という特徴がある。

指名委員会は取締役の選任・解任議案の内容を決定する機関であり（404条1項）、報酬委員会は、執行役および取締役の報酬の内容・額を決定する機関である（409条3項）。取締役が人事・報酬の決定を通じて、業務執行者（執行役）の業績を評価し、コントロールするという機能がそこでは期待されている。

(5) 監査等委員会設置会社

(4)の指名委員会等設置会社と呼ばれる組織形態は、当初期待されたほど導入が進まなかった。そこで、取締役会の監督機能を充実させるための一つの選択肢として、業務執行者の人事・報酬の決定に一定の役割を果たす監査等委員会という機関を取締役会の内部に設置する監査等委員会設置会社という組織形態が、2014（平成26）年会社法改正によって設けられた。監査等委員会設置会社は会計監査人を設置しなければならない。

(6) 機関の設置に関するルール

ところで、一定の属性を有する会社については特定の機関の設置が会社法上強制されている。具体的には、(i)公開会社は取締役会を設置しなければならない（327条1項1号）。これは、公開会社では株主が頻繁に変動するため株主に代わって業務執行者を監督する機関が必要なためである。(ii)大会社は会計監査

【表①】指名委員会等設置会社・監査等委員会設置会社以外の会社の機関設計

	非大会社	大会社
非公開会社		会計監査人必置（328条2項） ＝監査役必置（327条3項）
公開会社	取締役会必置（327条1項1号） ＝監査役必置（同条2項）	取締役会必置（327条1項1号） ＝監査役必置（同条2項） 会計監査人＋監査役会必置 （328条1項）

人を設置しなければならない（同条5項・328条1項・2項）。これは、大会社では会計が複雑となりがちであるうえ、利害関係者が多数であることが想定されるからである。(iii)公開会社である大会社は、監査役会設置会社・指名委員会等設置会社・監査等委員会設置会社のいずれかでなければならない（328条1項）。これは、公開会社である大会社では、株主による業務執行者の監督が特に期待できないうえに、違法な業務執行などの不祥事が起きたときの社会的影響が大きいため、これを抑止するシステムとして監査役会、またはそれと同等の仕組みが必要なためである。

コラム②　会社法の用語

　会社法は、字数の節約のためか、様々な用語を定義して用いている。これらの中には、定義を記憶しておかなければ条文の解読に支障を来すものがある。本章で関連するものとしては、①役員（取締役、会計参与および監査役をいう〔329条1項〕）、②役員等（取締役、会計参与、監査役、執行役または会計監査人をいう〔423条1項、なお847条1項も参照〕）、③執行役等（執行役、取締役、会計参与をいう〔404条2項1号〕）が挙げられる。このほか、取締役等という用語が募集株式の発行に関わる規律（213条など）や条文見出し（314条など）において用いられている。

(7) 本章の構成

　本章では、主に、株主総会や取締役会、代表取締役、監査役といった機関の役割や運営に関わる規律（どのようにして株主総会は決議をするのか、といったこと）について説明する。とはいえ、機関の役割は、その会社が公開会社か非公開会社かといった点や、どのような機関構成を採用するかといった点によって異なることがある。たとえば、

　①　株主総会の権限として会社法が定める事項は、公開会社であるか非公開会社であるかによって異なる。大雑把にいえば非公開会社の株主総会の権限の方が広い。

　②　取締役の役割は、取締役会設置会社であるか非取締役会設置会社であるかによって異なる。理論的には、取締役会設置会社の取締役は基本的に取締役会という機関の構成員にすぎないが、非取締役会設置会社の取締役は、それ自体が業務執行機関である。

　③　取締役会の意思決定権限や監督機関としての位置づけは、監査役設置型の会社であるか、監査等委員会設置会社であるか、指名委員会等設置会社であるかによって異なる規律に服する。監査役設置型の会社の取締役会が自ら決定しなければならない業務執行事項の範囲は比較的広いのに対して、指名委員会等設置会社の取締役会の場合には狭い。監査等委員会設置会社は、監査役設置型の会社取締役会に関する規律と指名委員会等設置会社の取締役会に関する規律のいずれかを選択できるようになっている。

　このように、同じ名前の機関が必ずしも同じ役割を果たすとは限らない。本章では、下記に留意しながら次のような構成で説明する。

　まず、株主総会の説明（→Ⅱ）は、基本的にすべての機関設計に妥当する。第4章第1節に「株主総会及び種類株主総会」を置いている会社法の章立てが示唆しているように、株主総会に関する規律は機関設計によって基本的な違いはないからである。ただし、①取締役会を設置しているかによって権限が異なること、②公開会社かどうか、取締役会設置会社かどうかによって、招集の仕方など比較的細かな点で差異が生ずることに注意してほしい。

　次に、取締役・代表取締役の説明（→Ⅲ）では、非取締役会設置会社の取締役（ⓐ）と監査役設置会社である取締役会設置会社の代表取締役（ⓑ）に当て

はまる説明とすべての機関設計における取締役に共通する説明が混在する。主として、会社の代表に関する規律（非取締役会設置会社と監査役設置型取締役会設置会社に妥当する）についての説明と取締役の義務・責任に関する規律（すべての会社に共通）について説明する。

Ⅳでは取締役会について説明する。権限に関する説明は、監査役設置型取締役会設置会社に関するものであるが、招集の方法など、すべての取締役会設置会社に当てはまるものもある。

Ⅴは監査役設置会社に関する説明である（監査役会については、Ⅶでも説明する）。

Ⅵ以下では、監査役会設置会社、監査等委員会設置会社、指名委員会等設置会社のそれぞれについて個別に説明をする。とりわけ、監査等委員会設置会社、指名委員会等設置会社については、Ⅱ～Ⅴにおいて十分に触れることができないため、少し詳しく説明する。

Ⅱ　株主総会

1　株主総会の意義

株主総会は、原則としてすべての株主をメンバーとする会議体の機関である。残余権者に会社の経営を決定させるのが望ましいとの観点（→第1章Ⅰ2）からは、会社に関する事項について決定する権限は究極的には株主に帰属するという制度が合理的である。また、会社が社団（団体）であるという前提からも、団体の構成員である株主に会社の運営に関する決定権限が帰属することが当然であるということもできる（一般法人35条参照）。株主総会は株式会社においてこのような要請を満たすためのものであり、株式会社は、必ずこれを設置しなければならない。

会社法は、毎事業年度終了後一定の時期に株主総会を招集すべきであるとするほか、必要があるときはいつでもこれを開催することができるとしている。前者を定時株主総会といい（296条1項）、そこでは計算書類の承認（438条2項。ただし、439条）や任期の満了した取締役・監査役の後任者の選任（332条・336条

参照）などを行うことが予定されている。後者は（条文上の用語ではないが）一般に臨時株主総会という。

2　株主総会の役割

　株主総会は意思決定機関であるが、どのようなことについて決定することができるのだろうか。株式会社には株主総会のほかにも、取締役会が意思決定をすることもあるし、また、取締役や代表取締役が意思決定をすることもある。これらの機関との役割分担が、ここでの問題である。

　この問題に関しては、まず、三つのルールがある。

　第1に、会社法上、何が株主総会の権限とされているかは、会社の採用する機関設計や公開会社であるか非公開会社であるかなどによって異なっている。たとえば、譲渡制限株式の譲渡がされた場合の承認についての規定をみてみよう。この承認するか否かの決定は、取締役会設置会社においては、取締役会が行うが、非取締役会設置会社においては、株主総会が行う（139条1項）。また、募集株式の発行等における募集事項の決定は、非公開会社においては、株主総会決議によって行うが（199条2項）、公開会社においては、原則として取締役会決議による（201条1項）。

　第2に、会社法が明示的に株主総会の権限としている事項については、定款に規定を置いたとしても、取締役会など、株主総会ではない機関によって決定することはできない（295条3項）。

　第3に、取締役会設置会社においては、株主総会は会社法および定款に定めた事項以外の事項については決定することができない（295条2項）。これについては、後ほど改めて説明する。

(1)　会社法が株主総会の権限としている事項（法定権限）

　会社法が株主総会の権限として定める事項は、一言でいえば、取締役会・代表取締役・執行役など下部の機関にその決定を委ねるのがふさわしくない重大な事項ということができる（上記第2のルール参照）。抽象的には次のように分類される。

(a) 機関の選任・解任に関する事項

株式会社の機関の多くは、株主総会で選任・解任すべきものとされている。株主総会が選任・解任する権限を有するのは、取締役・会計参与・監査役・会計監査人（329条・339条。なお、会計監査人は監査役によっても解任されることがある〔340条〕）である。

(b) 会社の基礎的変更

株主総会が取締役などを選任するのは取締役に会社の経営を委ねるためであるが、会社の性質に根本的な変動が生ずるような決定についてはいわば委任の範囲を超えており株主総会がこれを行うのがふさわしい。たとえば、他の会社と合併するようなことは、原則として会社にとっては根本的な変動であって、取締役会の決定のみで行うことはふさわしくないといえるだろう。したがって、定款の変更（466条）や会社の事業の全部または重要な一部の譲渡（467条1項1号・2号）、合併などの組織再編行為の承認（783条1項・795条1項・804条1項）、解散（471条3号）などに関する決定は株主総会に委ねられている。

(c) 会社と取締役との間に利益の対立が存在する事項

会社・株主と取締役の間で利害が対立する事項については取締役や取締役会に決定させることは望ましくない。たとえば、取締役の報酬の額の決定などは典型的である。そこで、会社法は、取締役の報酬は、報酬に関する定めが定款にない限り、株主総会が決定すべきであるとする（361条1項）。このほか、非取締役会設置会社における取締役の利益相反取引の承認（356条1項）なども同じ理由から株主総会にその決定が委ねられている（同条同項）。もっとも、このような事項について株主総会がどうしても決定しなければならないというわけではない。実際、指名委員会等設置会社においては取締役や執行役の報酬は、社外取締役が委員の過半数を占める報酬委員会において決定される（404条3項）。また、取締役会設置会社においては利益相反取引の承認は、取締役会がすることになる（365条1項）。

(d) 株主の重要な利益に関わる決定

会社の基礎的変更に至らない決定であっても、株主の重要な利益に影響する決定については株主総会が決定することになっている。たとえば、剰余金の配当（454条1項）は、株主が重大な利害関心を有する事項であるから、伝統的に

株主総会が決定するものとされている（会社法における例外について459条）。また、公開会社における募集株式の有利発行に関する決定（199条2項・201条1項参照）も同様に考えることができる。

(2) 会社法が定める事項以外の事項

　以上のような、会社法が株主総会の権限として明示的に定める事項のほかにも株主総会の権限は及ぶか。これについては取締役会設置会社と非取締役会設置会社で会社法のルールは異なっている。非取締役会設置会社においては、株主は日常的な判断事項についても判断する意思と能力があることが想定されるのに対し、取締役会設置会社においては必ずしもそうではないという事情を反映したものである。

(a) 非取締役会設置会社

　非取締役会設置会社では、株主総会は、会社法が定める事項のほか、「株式会社の組織、運営、管理その他株式会社に関する一切の事項」について決議をすることができる（295条1項）。たとえば、支配人の選任は、非取締役会設置会社においては取締役の過半数の決定を要する事項であるが（348条2項・3項）、このような事項についても、株主総会は決議をすることができる（この場合、取締役は株主総会の決定に拘束される〔355条〕）。

(b) 取締役会設置会社

　取締役会設置会社においては、会社法が株主総会の権限として定める事項のほかは、定款で株主総会の決議事項としない限り、決議をすることができない（295条2項）。仮に、取締役会が決議すべき事項につき株主総会が決議をしたとしてもそのような決議は無効である。

　なお、敵対的企業買収に対する防衛策の策定などの局面で、株主の意思を確認するためと称して、会社法や定款において株主総会の権限とされていない事項について株主総会決議がされることがある。このような決議に法的な効力を認めることはできないが、現実には、取締役の決定に事実上「お墨付き」を与える効果が期待されている。

3　株主総会の招集手続

　株主総会はどのようにして開催されるのだろうか。会議を開催するために
は、①権限がある者が会議開催に関わる意思決定をし、②これを会議体のメン
バーに伝達しなければならない。会社法は、株主総会について、①につき、株
式会社のどの機関が、何について決定しなければならないのか、②につき、同
じくどの機関が、何について、どのようにして伝達しなければならないのか、
について定めている。

(1)　株主総会招集の決定

　株主総会の招集の決定は、後述5(1)の場合を除き非取締役会設置会社におい
ては取締役が行い（取締役の過半数による決定が必要である〔348条2項・3項3
号〕）、取締役会設置会社においては取締役会が行う（298条1項・4項）。
　株主総会招集の決定に際しては、取締役・取締役会は、次の①〜⑤の事項を
定めなければならない。

① 　株主総会の日時および場所（298条1項1号）
② 　株主総会の目的である事項（議題）があるときは当該事項（同項2号）
③ 　書面による議決権行使（書面投票）をできることとするときは、その旨
　　（同項3号）
④ 　電磁的方法による議決権行使（電子投票）をできることとするときは、
　　その旨（同項4号）
⑤ 　その他法務省令で定める事項（同項5号）

　②は株主総会において決議する事項であり、議題と呼ばれる。取締役会設置
会社においては、298条1項の決定において議題とされた事項以外について決
議することはできない。なお、後述のとおり、株主自身から議題を提案するこ
とが認められており、これに基づいて取締役・取締役会が議題を決定すること
もある（303条）。
　なお議題と議案は法的には区別される。議題は、たとえば「取締役1名選任
の件」というように決議の対象となる事項をいい、議案は、たとえば「X氏

を取締役に選任する」というように議題についての具体的な提案をいう。もっとも、両者を区別することは意外と難しい。定款変更決議についていえば、「定款変更の件」が議題であり、「当社の定款の○条を次のように改める。……」が議案であるということはなく、一般には、「当社の定款の○条を次のように改める。……」が、議題であり同時に議案でもある。議題と議案の区別は、株主提案権の行使（議題提案権か、議案提出権か）において重要な意味をもつ（→5(2)）。

　③④は、株主総会に出席できない株主が議決権を行使するための制度である。詳しくは後述する（→(3)(d)）。

　このほか、⑤たとえば、取締役の選任や取締役の報酬などの重要な議題については、議案の概要（議案が確定していない場合は、その旨）につき決定する必要がある（施行規則63条7号）。また、株主総会参考書類（→4(3)(d)）が作成されるときは、株主総会参考書類の記載事項についても招集の決定の際に決める必要がある（同条3号）。

(2)　株主総会の招集

　(a)誰が招集するか、(b)招集にあたって、どのような方法で、いつ、何を株主に対して知らせるか、が問題となる。

(a)　招集権者

　298条1項の決定を受けて、株主総会を招集するのは取締役である（296条3項）。したがって、招集の通知は取締役の名義でなされる（299条1項）。

(b)　招集通知を行う時期とその内容

　招集通知を株主に対してするのはなぜだろうか。いつ、どこで株主総会を開催するか、ということを株主に知らせて、株主総会に出席できるようにすることは、招集通知の最低限の役割であろう。また、株式会社の株主（特に、取締役会設置会社の株主）は、会社の経営に日頃から関与していることは予定されていない（株式会社は所有と経営が分離した企業形態である）から、株主総会において何を決めるか、ということも事前に伝えておくべきであろう。そうすれば、株主はあらかじめ議決権行使についての意思決定をしたり、質問の準備をしたり、他の株主とコンタクトをとったりすることができるからである。すなわ

【表②】 株主総会の招集の方法

	公開会社	非公開会社	
	取締役会設置会社		非取締役会設置会社
招集通知を発する時期 （299条1項）	総会の2週間前	総会の1週間前	総会の1週間前 （定款で引下げ可）
通知の方法 （299条2項）	書面		口頭などでも可
通知の内容 （299条4項）	298条1項各号の事項		規定なし （日時・場所は必要と解される）

ち、株主総会の招集通知は、株主に株主総会の開催を知らせ、出席の機会と準備の余裕を与えるためのものである。このような観点から、会社法は、一定の期日（公開会社においては開催日の2週間前。株式会社が公開会社であるか、取締役会設置会社であるかによって異なる）までに招集通知を発すべきことを定めている（→【表②】）（299条1項）。また、招集通知は取締役会設置会社においては書面ですることを要し（株主の承諾を得た場合には、書面に代えて電磁的方法によることができる〔同条3項〕）、この場合、298条1項各号の事項（(1)①～⑤の事項）を招集通知に記載する（299条2項2号・4項）。

招集通知は、株主名簿上の住所に宛てて発すればよく、招集通知が通常到達すべきであった時に到達したものとみなされる（126条5項）。

(3) 招集手続の省略

(a) 株主全員の同意

株主全員の同意があるときは、招集手続を経ずに株主総会を開催することができる（300条。なお、ただし書）。招集手続に関するルールは、株主総会への出席の機会と準備の余裕を株主に与えるなど、株主の利益保護のためのものであるということからすれば、株主が招集手続を経ずに株主総会を開催することについて同意する場合にまで、これを経ることを要求する意味はないからである。

(b) 全員出席総会

株主総会への出席の機会と準備の余裕について会社法の定める保護が与えられなかったことについてすべての株主が了解している場合には、招集手続の瑕疵は問題としなくてよい（瑕疵が治癒される）。たとえば、取締役ではない者が招集した株主総会であっても、株主全員が開催に同意して出席して決議をしたような場合には、この決議は法的に有効であると考えられている。これを一般に全員出席総会という。

4 株主総会の議事

株主総会の議事はどのように行われ、どのようにして議決されるのか。会議の一般的なイメージは、議長が開会を宣言し、議題について参加者間で討論され、投票などの方法により決議に至るといったところであろう。会社法は、(1)議長の権限、(2)取締役等の説明義務、(3)議決権行使に関わる若干のルール、(4)決議成立の要件、について定めを置いている。

(1) 議 長

会社法は、株主総会の議長を誰が務めるべきかを規定していない。出席株主が少数である場合には議長なしで会議を開催することもできるであろうが、ある程度の出席者がいる場合には議長が必要であろう。この場合、会議体一般に妥当すると考えられる原則によって、議長は総会の決議によってそのつど指名することができる。もっとも、実際は、「株主総会の議長は、代表取締役社長がこれにあたる」などの形で、定款に規定が置かれていることが多い。また、定款に規定がある場合でも、株主総会において別途決議を行うことにより他の者を議長とすることは可能である。また、少数株主により株主総会が招集された場合には、このような定款の規定があっても、その適用はないものと考えられている。

議長は、株主総会の秩序維持・議事の整理にあたり、また、株主総会の秩序を乱す者を退場させることができる（315条）。

(2)　取締役等の説明義務

　会議は、議案の提出、これに対する出席者の質問・意見表明、討論を経て議決に至るというのが通常のあり方である。そうであるとすれば、株主総会において議案を提出した取締役（会社法上は、取締役が〔たとえば取締役会の決定を経て〕議案を必ず提出しなければならないというわけではないが、通常は、取締役が議案も提出する）は、株主から質問があれば議案の提案理由について説明をする必要があるし、また、株主は、議案への賛否を決定するにあたり会社の経営に関する事情について知る必要があるから、同じく質問があればこれについて説明することも取締役のなすべきことであると考えられる。つまり、株主には質問する権利があり、取締役にはこれに答える義務があるということになるが、会社法は、これを取締役（および会計参与、監査役、執行役）の説明義務という形で規定する。これによると、株主総会において株主から特定の事項につき説明を求められた場合、取締役は必要な説明をすべき義務を負う（314条）。

　もっとも、取締役の説明義務は会社法の明文の規定がなくても、上記のとおり会議体としての株主総会の性質上、当然に認められるものということもできる。そこでむしろ、314条の存在意義は、取締役が説明を拒絶できる場合につき明文で定めている点にあるともいわれる。具体的には、説明を求められた「特定の事項」が議題に関しないものである場合、説明をすることにより株主の共同の利益を著しく害する場合（たとえば説明が企業秘密に触れるようなものである場合など）、「特定の事項」について説明をするために調査をすることが必要である場合（株主が相当の期間前に質問を通知した場合を除く）には、取締役は説明を拒絶できる（314条ただし書、施行規則71条）。

(3)　議決権

(a)　一株一議決権原則

　株主は、その有する株式1株につき1個の議決権を有する（一株一議決権の原則〔308条1項〕）。単元株式数を定款で定めている場合には、1単元につき1議決権となる（同項ただし書）。当たり前のことだと考える読者も多いと思うが、たとえば、一般社団法人の社員総会では、各社員に1個の議決権が与えられるのが原則である（一般法人48条〔一人一議決権原則〕）。したがって、これは株式

会社の特徴の一つということができる。株式会社に多額の出資をしている者は、会社の利益の最大化により強い関心があり、そのような者に議決権を多く与えることが結果として会社の利益の最大化につながると考えられることによるものである。

(b) 相互保有株式・自己株式

上記の例外として、一定の株主につき議決権が認められない場合がある。

ある会社（A）が、その総議決権の25％以上を別の会社（B）に保有されているなどの事情がある場合、AはBの株主であったとしてもBの株主総会における議決権を有しない（相互保有株式。308条1項括弧書）。このような場合には、AはBの利益の最大化のためではなく、Bの経営者のいいなりに議決権を行使するなど、会社支配の公正が歪められる可能性があるからである。

このほか、会社は自己株式について議決権を有しない（同条2項）。また、自己株式取得の局面において、自己株式取得の相手方となる株主は議決権を行使できないことがある（160条4項等）。

(c) 議決権の代理行使

議決権は代理人によって行使することが可能である（310条）。病気である、遠方に居住している、株主総会開催日が重複する他の会社の株主でもあるなど、何らかの事情によって株主総会に出席できない株主にも議決権行使を保障する趣旨である。310条は強行法規であるから、代理人による議決権行使を一切認めない旨の定款規定は無効である。それでは、代理人による議決権行使を全面的に禁止するわけではないが、代理人となりうる者を限定する定款規定はどうであろうか。実際は、わが国の多くの会社の定款においては、代理人の資格を株主に限定する旨の規定が置かれている。判例は、このような定款規定は、「株主総会が、株主以外の第三者によって攪乱されることを防止し、会社の利益を保護する趣旨」であり、「合理的な理由による相当程度の制限」であるから有効であるとしている（最判昭和43・11・1民集22巻12号2402頁）。念頭に置かれているのは、たとえば、総会屋が株主の代理人として株主総会に出席するといった事態である。

(d) 書面投票・電子投票

株主による議決権の行使は、株主総会の当日、会場においてなされるのが一

般的なイメージであろう。しかし、上場会社など株主が多数に上る株式会社においては、株主は会社の経営に関心があるとは限らず、多くの株主が時間とコストをかけて総会に出席するということは期待できない。そこで、取締役・取締役会は298条1項の決定にあたり、株主が書面や電磁的方法によって議決権を行使することができる旨を定めることができる（書面投票・電子投票〔同項3号・4号〕）。書面投票が採用される場合、株主は招集通知に同封される「議決権行使書面」を事前に会社に提出することによって議決権を行使することになる（311条1項）。この制度については、次のことを知っておこう。

第1に、書面投票を導入するかどうかは取締役・取締役会の判断に委ねられるが、議決権を行使できる株主の数が1000人以上である場合には原則として書面投票を行わなければならない。これに対して、電子投票を行うかどうかは、完全に会社の自由である。

第2に、書面投票や電子投票が導入された場合には、株主は少なくとも投票の時点までには議題のみならず議案についても知っていなければならないであろう。また、会場で質問したり取締役から説明を受けることもできないから、議案の賛否を判断するのに必要な情報も得なければならない。そこで、書面投票・電子投票が導入されている場合には、招集通知に際して、株主総会参考書類と呼ばれる、議決権の行使について参考となるべき事項を記載した書類を交付しなければならない（301条1項・302条1項）。株主総会参考書類には、議案や議案の提案理由など（施行規則73条1項）、また、取締役選任議案であれば、候補者の氏名、生年月日、略歴（施行規則74条1項1号）などが記載される。なお、株主総会参考書類や議決権行使書面などについては、定款に規定を置くことにより電子的に提供することを可能とする制度が令和元年改正により導入されている（325条の2以下）。

(4) 決議の成立

議長による採決・議決の宣言を経て決議が成立するのが一般的である。もっとも討議の結果、各株主の議案に対する賛否が明らかになり、賛成の議決権数が決議成立に必要な議決権数に達したことが明白になった場合には、議長による議決の宣言がなかったとしても決議の成立を認めることができる。決議成立

の要件の違いにより、普通決議、特別決議、特殊決議に分けられる。

(a) 普通決議

原則として、株主総会決議は、①議決権を行使することができる株主の議決権の過半数を有する株主が出席し（定足数）、②出席した株主の議決権の過半数の賛成で成立する（必要賛成数）。これを普通決議という（309条1項）。普通決議については定足数、必要賛成数ともに定款で別段の定めをすることが認められており、多くの会社では定足数の要件は定款で排除している。「議決権を行使することができる株主」という表現から、相互保有株式の株主（→(3)(b)）や、総会の議題について議決権を行使できない種類株式（108条1項3号参照）の株主などは定足数の算定から除外されることになる。

なお、役員の選任・解任に関する決議は普通決議に分類できるが、定款によっても定足数を議決権の3分の1未満とすることはできない（341条）。支配権の異動を伴う募集株式の発行等に関する株主総会決議についても同様である（206条の2第5項）。

(b) 特別決議

定款変更（466条）や合併契約の承認などの基礎的変更、自己株式の取得に関わる決定（140条2項・5項・156条1項・160条1項）、募集株式の発行等に関わる決定（199条2項）、役員等の責任の一部免除（425条）等、309条2項1号から12号に規定される決議については、①議決権を行使することができる株主の議決権の過半数を有する株主が出席し、②出席した当該株主の議決権の3分の2以上に当たる賛成で成立する。これを特別決議という。決議の成立に慎重を期したものである。定足数は、定款によっても3分の1未満とすることはできない。

(c) 特殊決議

特別決議よりもさらに決議成立要件が厳重な次の二つは、「特殊決議」と呼ばれる。

(ア) 株式譲渡制限に関する特殊決議

議決権を行使できる株主の半数以上（頭数要件）かつ当該株主（議決権を行使できる株主）の議決権の3分の2以上（出席した株主の議決権の3分の2ではない）の賛成によって成立する決議（309条3項）である。たとえば、発行されている

株式を譲渡制限株式にする定款変更決議などについて必要とされる。なお、種類株式について同様のことが行われる場合には、株主総会における特別決議のほか、種類株主総会における特殊決議が必要である（324条3項1号）。

(イ) 属人的定めに関する特殊決議

総株主の半数以上（頭数要件）かつ総株主の議決権の4分の3以上の賛成で成立する決議である。属人的定め（109条2項）を新たに設けたり、その内容を変更するための定款変更を行う場合の決議について必要とされる（309条4項）。

(5) 決議の省略（書面決議）

株主全員が議案について同意する旨の意思表示を書面または電磁的記録によってしたときには、当該議案を可決する株主総会決議があったものとみなされる（319条）。

5 株主総会に関する株主の能動的関与

多くの場合、株主総会は取締役・取締役会の決定によって開催されるし、また、取締役・取締役会の提出する議題・議案について採決がなされる。これに対して、株主のイニシャティブで株主総会が開催されること、あるいは、取締役の招集にかかる株主総会において株主が議題や議案を提出することも認められている。

(1) 株主の株主総会招集請求権と株主自身による株主総会の招集

総株主の議決権の100分の3以上の議決権を有する（公開会社の場合は招集請求の6ヶ月前から株式保有の要件を満たす必要がある）株主は、議題および招集の理由を示して、取締役に株主総会の招集を請求することができる（297条1項）。この場合、取締役は請求を受けて、298条1項各号の事項を決定するなど前述の手続により株主総会を招集しなければならない（→3）。取締役が遅滞なく招集の手続を行わない場合や、請求の日から8週間以内を会日とする株主総会の招集通知が発せられない場合には、請求をした株主は裁判所の許可を得て、自ら株主総会を招集することができる。なお、招集通知や会場の手当などにかかる費用は株主総会を招集する株主が負担するものと解されている。

【表③】 株主総会招集請求権と株主提案権についての規律

	公開会社	非公開会社	
	取締役会設置会社		非取締役会設置会社
招集請求権	6ヶ月前より議決権3% (297条1項)	議決権3% (297条1項・2項)	
議題提案権	6ヶ月前より議決権の1% or 議決権300個以上 (8週間前までに請求) (303条2項)	議決権の1% or 議決権300個以上 (8週間前までに請求) (303条3項)	単独株主権 (303条1項)
議案提出権	単独株主権(304条1項)		
議案要領通知請求権 (8週間前までに請求)	6ヶ月前より議決権の1% or 議決権300個以上 (305条1項ただし書)	議決権の1% or 議決権300個以上 (305条2項)	単独株主権 (305条1項本文)

(2) 株主提案権──議題提案権・議案提出権・議案要領通知請求権

　株主は、取締役が招集する株主総会において、議題や議案を提出することができる。これを株主提案権という。

　非取締役会設置会社では、298条1項の決定によって議題とされた事項以外についても決議できるから（309条5項参照）、議案のみならず、議題も会議の場で提出することが可能である。これに対して、取締役会設置会社においては、298条1項の決定によって議題とされた事項についてしか決議することができず（309条5項）、また、議題は招集通知に記載されなければならない（299条4項）から、議題の提案は会社側の準備の必要のため、株主総会開催日の8週間前までに行うことが必要とされている。また、取締役会設置会社においては議題提案権は少数株主権（原則として、議決権の100分の1以上または300個以上の議決権。公開会社については招集請求権と同様の継続保有要件がある）とされている（303条）。

　議案については、議題と異なり、取締役会設置会社、非取締役会設置会社を問わず単独株主権であり、会議の当日に議案を提出することも可能である（304条）。しかし、株主数が多数に上るような会社では、株主総会の議場でいきなり議案を提出したのでは可決される見込みはあまりないであろう。そこ

で、議題提案権と同じく会日の8週間前までに請求することにより、自らが提出しようとする議案の要領を株主に通知してもらうことができる（305条。書面で招集通知がなされる場合には、議案の要領は招集通知に記載される〔株主総会参考書類が作成される場合には議案自体が参考書類に記載される〕）。この議案要領通知請求権は、取締役会設置会社では少数株主権（原則として、議決権の100分の1以上または300個以上の議決権。公開会社については継続保有要件がある）である。なお、1人の株主が要領の通知を請求できる議案の数には制限がある（305条4項）。

6 株主総会決議の瑕疵

　ここでは、株主総会の招集や議事に関する手続、あるいは株主総会の決議の内容が会社法などの法令や定款の規定に反している場合、どのように取り扱われるかについてみてみよう。少し抽象的になるが、一定の要件が満たされた場合に一定の法的効果が生ずることを法が定めている場合、その一定の要件が充足されなければ法的効果も生じないはずである。

　このような法の一般原則を株主総会決議に当てはめるならば、たとえば、一部の株主に招集通知が発せられないなど招集手続に瑕疵がある場合には、そのような招集手続によって開催された株主総会の決議は決議としての法的効果が生じない、すなわち、株主総会決議は無効である、ということになる。そして、無効な決議は時間の経過により有効となることはない。

　しかし、たとえば、取締役を選任する株主総会決議において、一部の株主に対して招集通知が発せられなかったというような場合を考えると、株主総会決議の効力をいつまでも後になって否定できるとすることは、その取締役が行なった様々な行為の効力についても否定することになりかねず、適切ではないと考えられるだろう。つまり、株主総会決議は、多数の利害関係者が存在することが多く、また、当該決議の有効性を前提として様々な法律関係が新たに形成されていくという意味で、一般の法律行為と違った面がある。

　このようなことを考慮すれば、法令・定款違反が重大なものとはいえない場合については、容易に決議の効力が覆るような制度をとることは望ましくない（法的安定の要請）。もちろん、だからといって、他方で瑕疵がある程度重大な場合に、このような要請を重視して、法が瑕疵のある決議を実質的に追認する

ようなこともまた望ましいとはいえない（会社運営の適法性確保の要請）。会社法はこのような観点から、瑕疵の性質と程度に着目して、株主総会の決議を争う手段として３種類の訴えを用意している。すなわち、株主総会決議取消しの訴え（→(2)）、株主総会決議無効確認の訴え（→(3)）、株主総会決議不存在確認の訴え（→(4)）、である。

(1) 形成訴訟と確認訴訟

　前述の３種類の訴えは、いずれも株主総会決議に関わる何らかの瑕疵を理由として、決議の効力を否定することに向けられた訴えであるという点では共通している。ただし、株主総会決議取消しの訴えと株主総会決議無効確認・不存在確認の訴えには次のような大きな違いがあることについても注意が必要である。株主総会決議取消しの訴えは、一応決議が有効に成立していることを前提として、そのような決議の効力を、当該決議を取り消す旨の裁判所の確定判決によって遡及的に消滅させるという訴えである。これに対して、株主総会決議無効確認・不存在確認の訴えは、その呼び名が示唆するように、株主総会の決議がそもそも無効（法的に効力を生じていない）あるいは存在しないという法律関係を判決によって確認することに向けられた訴えである。つまり、裁判所の判決があってもなくても決議が無効であること、存在しないことには変わりがない。民事訴訟法上の分類によれば、決議取消しの訴えが形成訴訟であり、決議無効確認・不存在確認の訴えが確認訴訟である、ということになる。

　決議取消しの訴えが形成訴訟であるということの意義は、決議取消原因がある場合であっても決議取消判決があるまでは当該決議は有効なものと扱われるということにある。このことは、前述の法的安定性の要請を満たすのに役に立つ。つまり、決議取消しの訴えの提訴期間を限定したり、訴えを提起することができる者（原告適格を有する者）を限定することによって、決議の効力を覆される可能性を小さくすることが可能になるのである。

　これに対して、決議無効確認・不存在確認の訴えは、決議がそもそも無効である、あるいは、存在しないという法律関係の確認に向けられた訴えである。無効確認・不存在確認の訴えの判決がなかったとしても、決議が無効であったり存在しなかったりすることには変わりがない。したがって、決議の無効や不

存在は、これら確認の訴えによらずとも、たとえば別の訴訟における請求の前提として主張することができる。いわば、①いつでも、②誰でも、③どんな方法でも、主張することができるのである。

　たとえば、Aを取締役から解任する株主総会決議について考えよう。この株主総会決議について取消原因に当たる瑕疵があるとAが考えたとしても、会社を被告とする取締役としての地位確認の訴えにおいてその瑕疵をAは主張することはできない（厳密には、Aは当該瑕疵によって解任決議に効力が生じていないから依然として取締役の地位にあると主張することはできない）。しかし、株主総会決議が不存在であるという主張は、取締役としての地位確認の訴えにおいてもすることができる。

(2) 決議取消しの訴え

(a) 取消原因

　(1)のような決議取消しの訴えの意義を踏まえて、決議取消しの原因となる瑕疵は、比較的その程度が小さいものが法定されている。すなわち、①招集手続または決議の方法の法令・定款違反または著しい不公正、②決議内容の定款違反、③決議につき特別利害関係を有する者の議決権行使により、著しく不当な決議がなされたこと、である（831条1項）。

　①　招集手続の法令違反とは、たとえば、株主総会招集通知の発送から総会開催日までが法定の期間に欠ける場合（招集通知に関する瑕疵）、取締役会設置会社において298条1項各号に定める事項を取締役会決議によらずに決定した場合（招集事項の決定に関する瑕疵）などが挙げられる。決議方法の法令違反には、定足数を満たさないまま決議された場合や、取締役の説明義務違反があるまま決議された場合、議決権行使について120条違反の利益供与があった場合などが挙げられる。決議の方法の著しい不公正の例として、株主に質疑応答の機会を与えずに採決をした場合などが挙げられる。

　②　決議の内容が定款に違反する場合についても、決議取消しの訴えの対象となる。決議が法令に違反している場合と比較して、株主間の合意にすぎない定款に対する違反は瑕疵の程度が小さい、と考えられるのである。

　③　株主は自分の利益のために株式を有するから、決議について特別の利害

関係があるからといって議決権の行使ができないわけではない（この点で、取締役会決議〔369条2項参照〕と異なる）。しかし、たとえば、特定の株主を割当て先とする新株の有利発行が行われる場合において、当該特定株主が議決権を行使した結果、「著しく不当な決議」が成立したと評価される場合には、多数決の濫用に該当するものとして、取消原因となる。

(b) 提訴期間

決議取消しの訴えは、株主総会決議の日から3ヶ月以内に提起することを要する（831条1項）。期間が経過したときは、取消原因に該当する瑕疵があったとしても決議は確定的に有効になる。

(c) 提訴権者など

決議取消しの訴えを提起することができるのは、「株主等」、すなわち、株主、取締役、監査役など会社関係者に限定されている（831条1項。「株主等」の定義については、828条2項1号）。被告となるのは、会社である（834条17号）。会社運営の適法性確保について一定の利害関係を有している者に限定することによって、法的安定性維持の要請と適法性確保の要請とのバランスをとったものである。

(d) 取消しの効果

会社法が定める形成の訴えとしては、株主総会決議取消しの訴えのほか、新株発行無効の訴えなど各種の無効の訴え（会社の組織に関する行為の無効の訴え〔828条1項1号〜12号〕）などがある。後者は将来に向かって行為の効力を失わせる（839条）のに対して、株主総会決議取消しの訴えについて請求認容判決があったときは、決議の効力は決議の時点に遡って効力を失う（遡及効。839条の反対解釈）。たとえば、取締役を選任する決議が取り消された場合には、当初からその者は取締役の地位になかったことになる。なお、決議取消判決が確定した場合、決議の効力は訴えの当事者以外の者との関係でもなかったものとされる。すなわち、決議取消判決には対世効がある（838条）。

(e) 裁量棄却

招集手続または決議方法に法令・定款違反の瑕疵があるため決議取消原因が存する場合であっても、裁判所は、その瑕疵が重大ではなく、かつ、決議に影響を及ぼさないものであると認めるときには決議取消請求を棄却することがで

【表④】株主総会決議の効力を争う訴え

	事由	原告適格	提訴期間	ほかの方法による瑕疵の主張
決議取消訴訟 (831条)	軽微な瑕疵 ・招集手続の法令定款違反、 ・決議内容の定款違反、等	株主等 (828条2項1号参照)	決議の日から 3ヶ月以内	不可
決議無効確認訴訟 (830条2項)	重大な瑕疵 ・決議内容の法令違反	制限なし	制限なし	可
決議不存在確認訴訟 (830条1項)	事実として存在しない場合、招集手続の瑕疵が著しい場合	制限なし	制限なし	可

※いずれも被告は会社（834条16号・17号）、認容判決に対世効（838条）。

きる。これを裁量棄却という（831条2項）。法的安定の要請を考慮したものである。

(3)　決議無効確認の訴え

　株主総会決議の内容が法令に違反する場合、株主総会決議は無効である（830条2項）。たとえば、株主平等原則（109条1項）に違反する内容の決議や、会社法の強行規定に違反する内容の決議（たとえば、取締役の任期を20年とする定款変更決議など）がこれに当たる。株主総会決議無効確認の訴えは、決議取消訴訟と異なり、提訴期間や提訴権者は限定されていない（ただし、通常の確認訴訟と同様、訴えを提起するには確認の利益が必要である）。会社が被告となる点（834条）、および、無効を確認する判決（請求認容判決）には対世効がある点は、取消訴訟と同様である。

(4)　決議不存在確認の訴え

　株主総会決議が存在しない場合、そのことの確認を求めて訴えを提起できる（830条1項。提訴期間、提訴権者、被告適格者、判決の効力〔対世効〕等の規律は決議無効確認の訴えと同様）。決議が存在しないとは、株主総会と評価できる事実がおよそ存在しない場合（代表取締役が独断で株主総会議事録を作成していた場合な

ど）のほか、招集手続などの瑕疵が著しく、決議が存在すると法的に評価できないような場合も含まれる。たとえば、会社の株式を1株しか有していない株主1名に対して株主総会の招集通知を送らなかった場合には、一般的には、招集手続の法令違反として決議取消しの訴えの対象になるにすぎないが、相当割合の株式を有する株主に対する招集通知を欠いた場合（東京高決平成4・1・17東高民時報43巻1～12号2頁〔発行済株式の4割〕、東京高判平2・11・29判時1374号112頁〔発行済株式の2分の1〕）などの場合には、決議不存在と扱われる可能性がある。このほか、判例は、招集権限を有しない者によって株主総会が招集された場合には株主総会決議は不存在であるとする。

コラム③　瑕疵の連鎖

　取締役会設置会社（監査役設置型）において、取締役全員の任期が満了したため、後任の取締役が選任されたものとして登記（915条）などの手続がとられたが、選任の株主総会決議が不存在であったとしよう。この場合、後任取締役は法的には取締役と評価できない（原則として前任の取締役が引き続き取締役としての権利義務を有する〔346条1項〕）。したがって、後任の取締役によって構成される取締役会において代表取締役を選定したとしても、この者も法的には代表取締役ということができず、それ以降、この「代表取締役」が招集した株主総会も無権限者によって招集された株主総会として不存在となるのが理屈である。そしてこの状態は、たとえその後、後任取締役の後任を選任する株主総会が同様のやり方で開催されたとしても解消することはない。これを瑕疵の連鎖という。この連鎖は全員出席総会（→3(3)(b)）が成立することにより、適法に後任の取締役が選任されたと認めることができるなどの事情が生ずるまで続く（最判平成2・4・17民集44巻3号526頁参照）。

III　取締役・代表取締役

　Iで述べたように非取締役会設置会社と取締役会設置会社とで取締役の法的位置づけは異なる。非取締役会設置会社では、株主総会で選任された取締役（1名でもよい）が業務に関する決定を行い、その決定を実行に移す（348条参照。

非取締役会設置会社の取締役は原則として代表取締役である〔349条〕）。これに対して、取締役会設置会社では経営に関する決定を行う原則的な機関は取締役をメンバーとする会議体である取締役会であり、その決定は特に業務執行を行うために選ばれた取締役（代表取締役やそれ以外の業務執行取締役）が実行に移す。また、取締役会は意思決定機関であると同時に監督機関でもあり、代表取締役などの業務執行について監督も行う。

　このように、一言で取締役といっても取締役会を設置しているかどうかで法的位置づけは異なるが、会社法は取締役の選任・解任、その職務の遂行に関するルールについては両者を区別せずに規律している。そこで以下では、まずこれらの点についてみていこう。

コラム④　業務執行取締役

　業務執行取締役の定義は2条15号イにある。取締役会設置会社の業務執行については、(i)取締役会の選定する代表取締役、および、(ii)取締役会の選定する（代表取締役以外の）「業務を執行する取締役」がこれを行う（363条1項）。業務執行取締役は基本的に(i)(ii)を指すが、(i)(ii)に当たらなくとも、現実に会社の業務を執行した取締役（代表取締役から業務執行に関する授権を受けるなどして業務を執行した場合など）も業務執行取締役に当たる。

1　取締役

(1)　取締役の資格

　会社法は、一定の属性を有する者について、取締役になることができない旨定めている（331条1項各号）。たとえば、会社法の規定に反して刑に処せられた者などは取締役となることはできない。法人も取締役になることができない（同項1号）。法人は個人的な信頼関係の主体になりえないからであると説明されることがあるが、法人が取締役となることを認めると、会社間の経営支配・被支配の関係が過度に複雑になる、ということも理由の一つであろう。ちなみに、持分会社においては、法人も業務執行社員となることができる（598条参照）。

公開会社においては、定款で規定を設けたとしても、取締役の資格を株主に限定することはできない（331条2項。そのような定款規定は無効となる）。株式会社は取締役にふさわしい人材を会社の内外を問わず広く求めるべきであるという考え方に基づくものであり、所有と経営の分離（→第1章II3）という株式会社の理念を公開会社において徹底したものであるといわれる。

(2) 取締役の選任・終任・任期

(a) 取締役の選任

取締役は株主総会の決議によって選任する（329条1項。決議の要件については3(5)(a)参照）。上場会社においては、選任は定時株主総会において行われるのが通常であり、また、誰を取締役にすべきか（取締役選任議案）についても定時株主総会を招集する取締役会が決定するのが通常である。ただし、株主が提案権（議案提出権、議案要領通知請求権）を行使することももちろん可能であり（→II5(2)）、企業買収や経営陣の内紛などにより会社の支配権が争われている場合には、実際上も大きな意義を有する。

なお、株主総会において2人以上の取締役を選任するときは、株主は累積投票という方法によって取締役を選任することを請求することができる（342条1項）。累積投票は、言葉で説明するとわかりにくいが、1個の株式（単元株式数を定款で定めている場合においては1単元の株式）につき選任される取締役と同数の議決権を与え、株主はこれによる議決権をその判断により1人の、あるいは2人以上の取締役候補者に投票することができるという制度である。たとえば、3名の取締役を選任する株主総会においては、100株を有する株主は300個の議決権を有することになり、この300個の議決権をすべて1名の取締役候補者に投票することができるのである。これにより、一般の方法で取締役を選任するときに比して、より少ない議決権割合しか有していない株主であっても自身が良いと判断する者を取締役に選任することができる。このように、累積投票の制度によって、少数派株主の意見を経営に反映させることが可能になるが、他方で、経営陣内部に株主間の対立が持ち込まれ円滑な業務執行が妨げられる、という弊害も懸念される。そこで、この累積投票制度は定款で排除することができる（実際に多くの会社においてはこの制度は排除されている）。

取締役に就任するにあたっては、株主総会の選任決議を受けて、会社との間で委任契約（取締役任用契約）が締結される。

　(b)　取締役の任期

　取締役の任期は原則として2年である（厳密には、選任後2年以内に終了する事業年度のうち最終のものに関する定時株主総会の終結の時までが取締役の任期である〔332条1項〕。なお、監査等委員会設置会社の取締役で監査等委員でない者および指名委員会設置会社の取締役の任期は1年である）。取締役は再任されることができるから、この任期は、再任の可否という形で取締役に対する株主の信任の機会を確保する、という意味がある。任期は長い方が取締役の地位が安定し、長期的な視点から経営を行うことができるというメリットがあるが、他方で、十分な経営成績を上げることができない取締役の交替が妨げられるといったデメリットもある。このデメリットを懸念して、会社法は、公開会社について、取締役の任期を、定款で特別の定めをしても2年より長くすることはできないものとしている（短くすることはできる〔332条1項ただし書〕）。非公開会社（指名委員会等設置会社と監査等委員会設置会社は除かれる）については定款の規定により10年まで延ばすことができる（同条2項）。非公開会社においては、株主による経営の監督が実効的になされることが期待できる（必要があれば機動的に株主総会を開催して取締役を解任することもできる）ことが理由である。

　(c)　取締役の終任

　取締役は(ア)任期満了、(イ)辞任、(ウ)解任により終任となる。

　(ア)　任期満了

　任期が満了したとき、取締役は原則としてその地位を失う。ただし、任期満了によって取締役が法定の員数（取締役会設置会社においては3名以上である〔331条5項〕）または定款所定の員数を欠くことになる場合には、新しい取締役が選任されるまで、任期が満了した取締役は取締役としての権利義務を有する（346条1項。権利義務取締役といわれる）。株主総会の開催をずっと怠っている会社や後任取締役の選任決議に不存在の瑕疵が生じているような会社においては、このような事態は比較的容易に生じうる。

　(イ)　辞　任

　取締役と会社との関係は民法の委任に関する規定に従う（330条）。したがっ

て、委任の解除に関する民法の定め（民法651条1項）により、取締役はいつで
も辞任をすることができる。辞任により員数を欠くこととなる場合には、任期
満了の場合と同様、権利義務取締役に関する規定の適用がある（346条1項）。

（ウ）　解　任

取締役は①株主総会の決議、または、②解任の訴えによりその地位から解任
される。なお、これにより取締役の員数を欠くこととなるとしても、権利義務
取締役に関する規定の適用はない。

① 　株主総会の決議

取締役は、いつでも、株主総会決議によって解任することができる（339条1
項）。解任決議は、選任の場合と同じ決議要件（341条）に服する。すなわち、
原則として議決権の過半数により解任決議が成立するが、定款の規定によって
も定足数について3分の1を下回らせることはできない。会社経営に対する株
主のコントロールを確保する趣旨から、解任の理由は問われない（客観的な事
実に基づかなかったり、不合理なものでも、解任決議は有効である、ということ）。し
かし、「正当な理由」がない場合には、会社は解任によって生じた損害（一般
に残任期分の報酬に相当する額であると考えられている）を取締役に対して賠償しな
ければならない（339条2項）。

② 　解任の訴え

取締役に不正の行為や法令・定款に違反する重大な事実があった場合であっ
ても、その取締役が多数派株主でもあるような場合、解任議案が否決されるこ
とも考えられる。このような場合には、総株主の議決権の3％以上の議決権ま
たは発行済株式の3％以上の株式（いずれも解任の対象である取締役の有する議決
権・株式は計算の基礎から除外される）を有する株主は解任の訴えを提起すること
ができる（854条1項。公開会社においては継続保有要件〔6ヶ月〕を満たしている必
要がある）。訴えは、会社および解任の対象となる取締役の双方を被告として提
起しなくてはならない（855条）。

（エ）　その他

取締役は、委任の終了事由（取締役に死亡・破産手続開始決定・後見開始の審判
があったこと〔330条、民法653条〕）により終任となる。

(3) 取締役の報酬

取締役の報酬は、定款でこれを定めていない限り、株主総会で決定する（361条1項）。伝統的には、これは「お手盛り防止」のための規定であると考えられてきた。要するに取締役や取締役会に報酬を決定させることにすると、不適切に多額の報酬を決定する可能性があるので、これを防止するために株主総会が決議する、ということである。このような理解から、株主総会で定める報酬は取締役全員の報酬の総額の上限を定めることでよく、また、この上限の範囲内で個々の取締役に報酬を配分することを株主総会決議において取締役会に一任することができると考えられている。また、実務上は、一任を受けた取締役会は代表取締役に報酬の配分を再一任できるとされる。

なお、現在では、取締役の報酬は、取締役に適切な会社経営に対するインセンティブを付与する手段として重視されるようになっている。たとえば、報酬として、金銭ではなく、会社の新株予約権を付与すれば、上場会社の取締役は株価が上昇した局面で新株予約権を行使することにより利益を得ることができる。非上場の会社の取締役であれば、その会社が上場された場合に新株予約権を行使すれば多額の利益を得ることが期待できるだろう。このような報酬はストック・オプションと呼ばれるが、これを付与することにより、取締役の「やる気」を引き出すことができることになる。このような観点からは取締役の個人別の報酬について戦略的な決定がなされることが重要であり、上場会社については若干の特別な規制が課されている（→Ⅶ2・Ⅷ2(2)・Ⅸ2）。

(a) 報酬の内容

報酬の内容としては、361条1項各号について定款に定めがないときは株主総会で個別に定める必要がある。たとえば、報酬として金銭を付与する場合には、その額を定めることが必要である（同項1号）。報酬として会社の株式を募集株式の発行等の手続により付与する場合には、募集株式の数の上限等を定めることが必要であり（同項3号）、同じく会社の新株予約権を募集新株予約権の発行の手続により付与する場合にも、募集新株予約権の数の上限等を定めることを要する（同項4号）。なお、株式や新株予約権を報酬として付与する方法としては、株式や新株予約権自体を報酬として付与する場合のほか、募集株式や募集新株予約権の発行の手続にあたり払込に充てるべき金額に相当する金銭を

報酬として付与する方法（会社に対する報酬債権を相殺や現物出資の形で払込に充てる）もあるが、これらについても同様の規制が課されている（同項5号）。

(b) 株主総会での説明義務

取締役の報酬に関する議案を株主総会に提出した取締役は、これを相当とする理由を株主総会で説明する義務を負う（361条4項）。

(4) 取締役の義務

(a) 善管注意義務と忠実義務

株主は、取締役に何を期待しているのだろうか。抽象的には、会社ができるだけたくさんの利益を上げることができるように（あるいは企業価値を最大化するように）力を尽くしてほしいと思うだろうし、会社の経費で豪遊するなどはもってのほかである。そこで会社法は、取締役について、会社に対して善良な管理者の注意をもって職務を遂行する義務（善管注意義務〔330条、民法644条〕）を負うこと、取締役は、会社のため忠実に職務を遂行する義務（忠実義務〔355条〕）を負うことを定めている。

両者は、基本的に同一であるとするのが判例の立場である（最大判昭和45・6・24民集24巻6号625頁）。ただし、後述のとおり、取締役の義務については、①会社と取締役の利害の対立がない状況の下で会社にとって最善の判断をすべき義務と、②会社と取締役の利害が対立する状況において、会社の利益を犠牲にして取締役の個人的な利益を図ってはならない義務を区別することが可能であり、②を指して忠実義務の語を用いることが多い。

(b) 経営判断原則

まずは、①の義務、すなわち、会社と取締役との間に利害対立がない状況での取締役の義務について考えてみよう。

取締役は、事業上の決定において、その決定が、会社の利益に結びつくかを判断することになる。たとえば新たな事業分野に進出するという場合、取締役はこれによって十分な利益を上げることができるか否かを判断しなくてはならない。もっとも、このような決定には常にリスクがあり、会社に利益をもたらすこともあれば、期待どおりの利益を上げることができず、会社に損失をもたらすこともある。仮に、判断が裏目に出て会社に損失が生じた場合に、その判

断は善管注意義務に違反するものであると断じ、取締役が損害賠償責任を負う
とした場合、おそらく取締役は、リスクのある事業上の決定は極力行わないよ
うにするであろう（たとえば、Aという決定を行った場合には50％の確率で700万円
の利益を生むが、50％の確率で100万円の損失を生じ、Bという決定を行った場合には、
50％の確率で50万円の利益を生み、50％の確率で1万円の利益を生むというとき、取締
役はBの決定を行うであろう）。それは、結果として株主の利益にも合致しない。
そこで、取締役の事業上の判断については、取締役と会社の利害が対立するな
ど、取締役の判断の誠実性を疑わせるような事情がないときには、「決定の過
程、内容に著しく不合理な点がない限り、取締役としての善管注意義務に違反
するものではない」と評価するのが適当である（最判平成22・7・15判時2091号
90頁）。このような考え方を、「経営判断原則」という。

(c)　競業・利益相反取引

次に、②の義務（講学上の忠実義務）について考えよう。やや堅苦しい言い方
をすれば、「会社と取締役の利害が対立する状況下で、取締役は会社の利益を
犠牲にして自己の利益を図ってはならない」義務として理解することができ
る。会社と取締役の利害が対立する状況としては様々なものが考えられる（た
とえばMBOの局面）。一般論としては、このような状況の下での取締役の判断
については、経営判断原則を適用すべきではなく、その責任は厳格に判断され
るべきである。ちなみに会社法は、このような義務が典型的に問題となる次の
二つの状況について、特別のルールを置いている。

(ア)　競業取引規制

たとえば、喫茶店を営む株式会社の取締役が個人で喫茶店を開くような場合
がこれに当たる。このような場合、取締役は会社の喫茶店経営に関するノウハ
ウを用いたり、あるいは会社の取引の機会（コーヒー豆を有利な条件で仕入れる機
会など）を奪う形で事業を営むなどのおそれがある。そこで、会社法はこのよ
うな取引について事前に会社において一定の手続を踏むこと、そして、その取
引の結果として生ずる取締役の責任について規制する。すなわち、取締役は、
自己または第三者のために会社の事業の部類に属する取引（競業取引）をしよ
うとするときは、取締役会において当該取引につき重要な事実を開示し、その
承認を受ける必要がある（356条1項・365条1項。取引をした取締役は、その取引の

後、遅滞なく、その取引についての重要な事実を取締役会に報告しなければならない〔365条2項〕。非取締役会設置会社においては、株主総会の承認が必要である）。

(イ) 利益相反取引

　取締役が会社と取引を行う場合も、その取締役自身が会社を代表する場合はもとよりそうでない場合であっても、取締役間の同僚意識から取引を行う取締役に有利で会社に不利な条件で取引されるおそれが高い。そこで、会社法は、取締役が自己または第三者のために株式会社と取引をしようとするとき（直接取引といわれる）は、取締役会においてその取引につき重要な事実を開示し、取締役会の承認を受ける必要があるものとする（356条1項2号・365条1項。取引をした取締役は、その取引の後、遅滞なく、その取引についての重要な事実を取締役会に報告しなければならない〔365条2項〕。非取締役会設置会社においては株主総会の承認が必要である）。

　以上のように取締役が自己または第三者を代表して会社と取引を行う場合でなくても、たとえば、会社が取締役の債務を保証するなど会社と取締役との利益が相反する取引を会社が取締役以外の者との間で行うとき（間接取引といわれる）にも取締役の利益において会社が害されるおそれがある。そこで、このような場合についても、取締役会の承認（356条1項3号）が必要である。

(d) 監視義務

　取締役会設置会社の取締役は、善管注意義務の一内容として、代表取締役（やその他の業務執行取締役）の業務執行について監視する義務を負っている。代表取締役などに対する監督機関である取締役会の一員であることから導かれる。会社の規模や内部統制システムが整備されているかなどによってもその具体的内実は異なるだろうが、一般論としては、取締役は取締役会に決議事項として上程された事項を監視していればよいというわけではなく、代表取締役などの業務執行を全般的に監視し、必要があれば取締役会を招集するなどして業務執行が適正に行われるようにしなければならない（最判昭和48・5・22民集27巻5号655頁）。

(5) 取締役の責任

(a) 会社に対する責任

(3)で述べたとおり、取締役は会社に対して善管注意義務を負う（民法644条。この点は、取締役以外の「役員等」〔取締役・会計参与・監査役、執行役、会計監査人〕も同じであり、以下の説明は、「役員等」一般に妥当する）。したがって、取締役が善管注意義務に反する行為を行い、その結果、会社に損害が生じた場合には、会社に対して債務不履行に基づく損害賠償責任を負うことになるはずである（民法415条参照）。会社法は、取締役の責任について、一般の契約法理に委ねるのではなく、423条以下に特別の規定を置いている。

ところで、取締役の責任を追及することの意味については、会社の実態によって重点に違いが生じうることに注意しておこう。たとえば、株主が数名しかいないような閉鎖型の会社において、経営者の行為によって会社に損害が生じた場合、会社の損害は株主にとっても経済的な損害を意味し、経営者の責任の追及は、そのような損害を回復するという意味を有する。すなわち、この場合の責任追及は、会社の損害の回復を通じた株主の損害の回復という意味がある。

これに対して、上場会社のような大企業を考えた場合にはどうだろうか。このような会社で経営者が善管注意義務に違反する行為を行った場合、これによって会社に生ずる損害はしばしば莫大なものとなる。仮に経営者に対して会社が損害賠償請求をしたとしても、経営者の資力では損害の回復は望めないこともあるであろう。他方、このような会社には多数の株主が存在することから、少なくとも個々の株主にとってはこのようにして得られる損害賠償は損害の回復という意味ではあまり意味をもたないかもしれない。このように考えると、このような会社においては、責任追及の重点は、損害の回復というよりは、むしろ、損害賠償の威嚇により経営者が違法ないし不適切な行為をすることを抑止することにあるといってよい。もっとも、これは、薬が効き過ぎれば、経営者がリスクのある事業への投資をためらうなど、経営の萎縮を招き、かえって会社の利益を損なうことになるかもしれない。取締役の責任に関わる会社法のルールは、この間のバランスをとることを意識している。

(ｱ) 任務懈怠責任

（ⅰ）取締役は、その任務を怠ったときは、会社に対し、これによって生じた損害の賠償責任を負う（423条1項）。これは、委任関係に基づく善管注意義務に違反した場合の債務不履行責任と同じことをいっていると理解するのが素直であろう。つまり、任務懈怠とは善管注意義務違反を意味し、それは債務不履行の要件である過失（民法415条1項ただし書の言葉を借りれば「債務者の責めに帰」すべき事由）と同義であると考えるのである。もっとも、任務懈怠と過失は別の概念であると考え、任務懈怠につき過失があるときに取締役は責任を負うと考えることもでき、会社法にも両者の区別を前提にしているようにみえる条文がある（428条1項）。両者を区別する実益があるとすれば、任務を怠っているが過失はない、という場面であるが、そのようなことは通常は生じないといえる。

（ⅱ）423条1項の定める任務懈怠責任については、次の特別のルールが定められている。

① 競業避止義務違反に関わる責任

取締役が取締役会の承認（非取締役会設置会社では株主総会の承認）を得ないで競業取引を行った場合（→(4)(c)(ｱ)）、承認を得ないこと自体が任務懈怠にあたり、取締役は競業取引によって生じた損害を会社に対して賠償しなければならない（423条1項）。ただ、取締役が会社の事業の部類に属する取引を行ったからといって、いくらの損害が会社に生じたかを立証することは難しい。そこで、423条2項は競業取引によって取締役（自己のためにする競業の場合）または第三者（他人のためにする競業の場合）が得た利益の額を、会社の損害の額と推定している。

なお、取締役は競業につき取締役会などの承認を得たことによって、当然に任務懈怠の責任を負わなくなるわけではない。たとえば会社の取引の機会を不当に奪って競業をしたような場合には、423条2項の損害額の推定の規定はないものの、同条1項に基づき損害賠償責任を負う。

② 利益相反取引に関わる責任

取締役が会社との間で利益相反取引を行った場合（→(4)(c)(ｲ)）、その取引によって会社に損害が生じたときは、その取締役は任務を怠ったものと推定される

（423条3項1号）。利益相反取引について株主総会または取締役会の承認を得た
かどうかを問わない（ただし、利益相反取引について株主総会・取締役会の承認を得
ていない場合には、そのこと自体が任務懈怠を構成するから、423条3項によって任務懈
怠を推定する実質的意味は乏しい）。ここで、利益相反取引の典型例である直接取
引の事案を考えてみよう。ある取締役が自己の所有する土地を会社に対して
1000万円で売却したとする。会社に損害が生じている場合とは、たとえば、そ
の土地が実際には100万円の価値しかないような場合であろう。この場合に、
会社が土地の価値が100万円であることを立証することは、その取締役に任務
懈怠があったことを立証することとほぼ同義であり（土地の価値は100万円である
が、取締役に過失がないという事態を想像することがまったくできないわけではない
が）、423条3項1号の定める任務懈怠の推定の意義はあまり大きいとはいえな
い。なお、自己取引を行った取締役については、任務懈怠が「責めに帰するこ
とができない事由」によるものであることを理由に責任を免れることはできな
い（428条1項）。この条文の解釈については議論があるが、任務懈怠＝帰責事
由＝過失と捉えるのであれば、結局、自己取引を行った取締役については会社
法上、無過失責任が定められていると理解することができる。

　また、会社がその取引をすることを決定した取締役、および、その取引に関
する取締役会の承認決議に賛成した取締役も任務懈怠の推定を受ける（423条3
項2号・3号）。

　なお監査等委員会設置会社においては、利益相反取引について監査等委員会
の承認を受けているときは、任務懈怠の推定規定の適用はない（同条4項）。監
査等委員会設置会社においても利益相反取引の承認機関は取締役会であるが
（365条）、それに加えて、監査等委員会の承認を得た場合に特別の効果を認め
たものである。監査等委員会は過半数が社外取締役で構成されることから、そ
こでの承認は利益相反取引について十分なチェックを受けたものであることに
よると説明される。

　(イ)　責任の免除・責任限定契約
　(i)　概　要
　取締役の会社に対する責任を免除するためには、総株主の同意（株主総会決
議によることを要しない）が必要であるとするのが会社法の原則である（424条）。

これは取締役の会社に対する責任は、実質的には個々の株主に対する責任であるとの発想に基づく。この規制の下では、とりわけ上場会社などにおいて、取締役の責任を免除することは実質的には不可能ということになろう。他方、この種の会社においては経営者による任務懈怠があった場合に会社に生ずる損害の額は莫大なものとなる可能性があり、有能な人物が取締役に就任することを躊躇することが懸念される。実際にも、株主代表訴訟において高額の賠償額が認められた事例が生じたことなどから2001（平成13）年の商法改正以降、以下に説明するように、一定の要件の下で取締役（役員等）の責任を免除する制度が導入されている。

(ii) 責任の一部免除の制度の構造

責任の一部免除については、大きく分けて、①株主総会の決議による方法と、②事前に定款の定めを置いたうえで取締役会（非取締役会設置会社においては取締役の過半数の同意）の決議による方法がある。①も②も、次の点で共通している。

まず、免除の対象となる取締役の責任は、悪意や重大な過失に基づくものではない（いわば悪質なものではない）ことを要する。悪意や重大な過失に基づく行為によって会社に損害を生じさせた場合についてまで、その責任を免除するべきではないからである。

次に、責任はその全部が免除されるわけではなく、少なくとも一定の金額については取締役は責任を負わなければならない。この一定の金額（最低責任限度額という）は、報酬の〇年分といった形で決まっており、また、〇年の部分は、取締役（役員等）の地位によって異なる。具体的には、次のとおりである（425条1項各号）。

- ・代表取締役・代表執行役については6年分
- ・業務執行取締役等（2条15号参照）である取締役・代表執行役以外の執行役については4年分
- ・上記以外の取締役（社外取締役もこれに含まれる）・会計参与・監査役・会計監査人（以上を「非業務執行取締役等」という〔427条1項〕）については2年分

(iii) 株主総会決議による一部免除

　以上のルールに従って、株主総会の決議に基づく責任の一部免除が認められる（特別決議事項である〔309条2項〕）。この株主総会においては、取締役は、①責任の原因となった事実および賠償の責任を負う額、②最低責任限度額およびその算定の根拠、③責任を免除すべき理由および免除額を開示することを要する（425条2項）。また、責任の一部免除に関する議案を株主総会に提出するためには、監査役全員の同意（監査等委員会設置会社においては監査等委員、指名委員会設置会社においては監査委員全員の同意）が必要である（同条3項）。

(iv) 定款の授権に基づく取締役会決議による免除

　定款に定めていれば、「責任の原因となった事実の内容、当該役員等の職務の執行の状況その他の事情を勘案して特に必要と認めるときは」取締役会の決議（非取締役会設置会社においては取締役の過半数の同意）で、取締役の責任の一部免除をすることができる（426条1項）。この場合には、(iii)の場合と同様、当該議案を取締役会に提出する際に、監査役全員の同意（監査等委員会設置会社においては監査等委員、指名委員会設置会社においては監査委員全員の同意）が必要である（425条3項）。また、取締役会決議による責任免除を行ったときは、取締役は、一定の期間内に異議を述べることができる旨を公告するか株主に対して通知することを要し（詳細については、426条3項ないし5項参照）、その期間内に、総株主の議決権の3％以上の議決権を有する株主が異議を述べたときは、この方法による免除をすることができない（同条7項）。

　なお、取締役会の決議による免除を可能とする定款規定を定款変更によって設ける場合には、その定款変更議案の提出につき、やはり、監査役全員の同意（監査等委員会設置会社においては監査等委員、指名委員会設置会社においては監査委員全員の同意）が必要である（同条2項）。

(v) 責任限定契約

　(iii)(iv)は、責任が発生した場合に事後的にその責任を免除するものであるが、これとは異なり、定款に定めがあれば、社外取締役など一定の者（非業務執行取締役）は責任の額をあらかじめ限定する旨の契約を会社との間で締結することができる（この契約に基づく責任限定を受けるためには悪意・重過失がないことを要する。また、最低責任限度額または定款で定めた額のいずれか高い額については責任

を負わなければならない）（427条１項）。定款変更によりこの種の定款規定を設ける場合については、やはり、監査役全員の同意（監査等委員会設置会社においては監査等委員、指名委員会設置会社においては監査委員全員の同意）が必要である（同条３項）。

(vi) 会社補償・役員等損害賠償責任保険

　取締役が職務を執行するにあたり、法令の規定に違反したことが疑われ、あるいは、責任の追及に係る請求を受けた場合に、これに対処するために生じた費用（防御費用。たとえば、弁護士に対する報酬）や、第三者に対して損害賠償責任を負い、賠償を支払ったことによって取締役に生ずる損失について、会社が取締役に対して補償する契約をあらかじめ結ぶことができる（430条の２）。このような契約によって、取締役の職務執行が萎縮することを防止することができ、あるいは、優秀な人材が取締役に就任してくれるようになれば、会社の利益になるとも考えられるであろう。このような契約を補償契約という。もっとも、第三者に対して取締役が損害賠償責任を負うときには、会社も当該第三者に対して損害賠償責任を負うことが多いと考えられ、これに基づき会社が損害賠償を支払った場合、通常、会社は取締役に対して任務懈怠責任を追及できると考えられる。このような場合には、会社は取締役に対して補償を行うことはできない（同条２項２号）。また、取締役の職務執行につき悪意・重過失がある場合も同様である（同項３号）。補償契約の内容を決定するには取締役会の決議（非取締役会設置会社では株主総会の決議）が必要であるが、契約締結には利益相反取引において一般に必要とされる取締役会などの承認は不要であるとされている（同条６項）。

　なお、これとは別に、取締役が職務を執行したことに関して責任を追及されることにより生ずる損害（弁護士報酬の支払など）や、実際に責任を負ったことにより生ずる損害（損害賠償の支払など）を填補する旨の保険契約（役員等損害賠償責任保険契約）を会社が締結することができる（会社が保険契約の当事者であるが、損害の填補を受けるのは取締役である）。保険契約の内容を決定するには取締役会の決議（非取締役会設置会社では株主総会の決議）が必要である（430条の３第１項）。また、利益相反取引において一般に必要とされる取締役会などの承認は不要とされる（同条２項）。

⒝　第三者に対する責任

⑺　はじめに

　職務執行について悪意・重過失があり、これによって第三者に対して損害を生じさせた場合、取締役はその第三者に対して損害賠償責任を負う（429条1項）。一見、当たり前のように思えるかもしれないが、取締役は会社に対して委任の関係に立つのであって、任務懈怠があった場合に委任者である会社に対して損害賠償責任を負うことは当然だとしても（423条参照）、会社以外の者に対して責任を負うことは当たり前のことではない（一般的な原則からすると、責任を負うことがあるのは、当該取締役の行為が第三者との関係で不法行為に該当する場合であろう）。そのようなわけで、この取締役の第三者に対する責任が認められる根拠については従来争われてきた。

　この点、最高裁はこの規定について、「株式会社が経済社会において重要な地位を占めていること、しかも株式会社の活動はその機関である取締役の職務執行に依存するものであることを考慮して、第三者保護の立場から」特別な責任を負わせたものであるとする（法定責任説。最大判昭和44・11・26民集23巻11号2150頁）。

　最高裁の論理は、要するに、第三者を保護する必要性がある場合には取締役の責任を認めるべきだ、といっているにすぎないようにみえる。そもそも、取締役の第三者に対する責任に関する規定は、わが国の裁判例上、多様な使われ方をしており、理論的に一貫した説明をすることが難しく、その意味で、この制度は信義則や権利濫用法理などの一般条項にも似ている。そこで、具体的にどのような場合に取締役の責任が認められるのかをみてみよう。

⑻　取締役の第三者に対する責任が認められる類型

①　直接損害事例

　直接損害とは、会社に損害が生じた結果としてではなく、第三者に対して直接に生ずる損害をいう。

　たとえば、代金支払の見込みがないにもかかわらず、取引先から会社名義で掛け払で商品を購入する場合を考えてみよう（購入した商品を取締役が個人的に横流しするつもりであったということでも会社の倒産を避けるために極めて甘い見通しで契約をしたというのでもよい）。代金の支払を受けることができない取引先は、

取締役の行為により商品を失うという形で直接に損害を被ることになる。この場合、当該取引先は、取締役に対して429条1項に基づき損害賠償を請求することができる。同様の例として、一般投資家に対して詐欺的な投資商品を売りつける取締役の行為などを考えることもできる。ここでの取締役の責任は、実質的には不法行為責任であると理解してよい。代表取締役や使用人がこのような行為を行うことを阻止できなかった取締役も同様に監視義務違反に基づいて、第三者に対して責任を負うことがありうる。

② 間接損害事例

間接損害とは、会社に損害が生じた結果として、第三者に生ずる損害をいう。

会社が安易に取引先の債務の保証をするなどした結果、会社が倒産に至ったような場合を考えてみよう。取締役の放漫経営の事例である。この場合、会社の債権者は債権の回収ができないという形で損害を被る。このような損害について、会社債権者は、429条1項に基づき損害賠償を請求することが考えられる。同様の例として極端ではあるが、取締役が会社財産をほしいままにした結果、会社が倒産する場合などを考えることができる。このような場合に取締役の責任が認められるべき実質的理由であるが、(i)取締役が会社の唯一の株主であるような会社において、会社財産と株主個人の財産の混同があるために株主に有限責任の特典を享受させるべきではないという事情がある場合、(ii)会社が債務超過やそれに近い状況にあるような会社である場合、などが考えられる。(i)(ii)は法人格否認の法理と同様の機能を果たすものと理解してよい。そのような取締役の行為を阻止できなかった他の取締役についても、監視義務違反の責任が問題となりうることは、①と同様である。

③ 株主の間接損害

取締役の第三者に対する責任を論ずるにあたって特別の考慮を要するものとして、株主に生ずる間接損害の取扱いの問題がある。たとえば、取締役の放漫経営により会社が損害を被った場合、株主も自己の保有する株式の価値が減少するという損害を被っている。このような場合、株主は429条1項に基づき取締役に対して損害賠償請求をすることが認められるだろうか。多くの学説は、このような場合には株主は代表訴訟を提起することによって会社の損害を回復

することによって自己の損害の回復を図るべきであって、取締役に対し直接に賠償を請求することは認めるべきではない、と考えている。もっとも、多数派株主である取締役が会社財産を搾取しているような場合には、代表訴訟によって会社に賠償が給付されても少数派株主の救済にはならないこともありうる。そこで、このような場合には429条1項の請求を認めるべきであるとする見解もある。

(ウ)　名目的取締役・事実上の取締役

ところで、取締役の第三者に対する責任が問題となる場合として、次のような特殊なケースがある。

①　名目的取締役

典型的には個人事業主が、「法人成り」のために株式会社（とりわけ取締役会設置会社）を設立するにあたり、法定の員数（331条5項参照）を充足するために知人や配偶者などを名目上の取締役とするような場合である。このような取締役は出社することもなく報酬を受け取っていないことも多いが、会社が倒産した場合に、監視義務違反に基づき第三者に対する責任を追及されることがある。学説は、このような取締役は名目的取締役であるという理由で責任を免れることはない（むしろ、名目的取締役であることは任務懈怠の最たるものである）と考える傾向にあるが、下級審裁判例の判断は分かれている。このような者に第三者との関係で責任を負わせることを正当化する事実関係があるか（たとえば、直接損害事例においては監視義務違反とされる具体的な作為・不作為が第三者に対する不法行為と評価すべき実質があるか）どうかで判断すべきではなかろうか。

②　事実上の取締役

会社のオーナー的な地位にあるために、たとえば「会長」などと呼ばれ、事実上経営を支配している者は、取締役に就任していなくとも429条1項を類推して、第三者に対する責任を負う場合があるのではないかが問題となりうる。①と同様、具体的な事実関係を評価して判断すべきであろう。

(6)　株主代表訴訟

会社法は、株主が会社に代わって（会社を「代表」して）、取締役の会社に対する責任を追及する制度を認めている。これを一般に株主代表訴訟とか、ある

いは単に代表訴訟という（後にみるように、代表訴訟の相手方となるのは取締役に限られないし、また、その対象も損害賠償請求権に限られるわけではない）。このような制度が認められているのは、株主代表訴訟とは、会社の取締役に対する請求権については、取締役や監査役などの役員の間に存在する仲間意識によって、適切な行使がなされない可能性が高いためである。なお、会社法は、限定された要件の下で、株主が会社の重要な完全子会社の取締役に対して同じような訴訟を提起することを認めている。一般に多重代表訴訟といわれる（→(c)）。

(a) 制度の概要

　会社法上は、「代表訴訟」という言葉は使われていないため、条文に沿ってこの制度を理解しておこう。

　(ア)　まず、株主（公開会社においては6ヶ月の継続保有要件がある）は、「発起人等」の責任を追及する訴えを提起することを会社に対して請求することができる（847条1項）。「発起人等」とは、発起人、設立時取締役、設立時監査役、役員等（取締役、会計参与、監査役、執行役または会計監査人）、清算人を意味する（ややこしいので、発起人等＝取締役・監査役・執行役と考えておこう）。なお、「発起人等」の責任を追及する訴えのほかにも、たとえば、募集株式の発行等の局面における通謀引受人の差額支払義務（212条1項1号）についても代表訴訟制度の対象となっており（847条1項）、法文上は、あわせて「責任追及等の訴え」と呼ばれる。なお、取締役を被告とする責任追及等の訴えについては、株主が提訴請求すべき相手方は、監査役設置会社においては監査役である（386条2項。監査等委員会設置会社においては監査等委員〔399条の7第5項1号〕、指名委員会等設置会社においては監査委員である〔408条5項〕）。株主による請求に応じて会社が訴えを提起する場合、監査役設置会社においては監査役が会社を代表する（386条1項）。

　(イ)　上記(ア)の提訴請求を株主が行ったにもかかわらず、請求の日から60日以内に会社が「発起人等」に対する訴えを提起しないときは、請求をした株主は、株式会社のために、「責任追及等の訴え」を自ら提起することができる（847条3項。くどいようだが、これを代表訴訟という）。なお、60日の期間の経過を待ってしまうと会社に回復することができない損害が生ずるおそれがある場合には、株主は60日の期間の経過を待たず（また、(ア)の提訴請求を経ず）に、株主

は直ちに代表訴訟を提起することができる（同条5項）。

　以上が、代表訴訟制度の骨格である。次に、若干の細々とした点についても
みておこう。

　㈢　会社は、㈠の提訴請求の日から60日以内に「責任追及等の訴え」を提起
しない場合には、提訴請求をした株主の請求から求めがあればその理由を通知
しなけらばならない（847条4項〔不提訴理由通知制度〕）。

　㈣　「責任追及等の訴え」が株主や第三者の不正な利益を図り、または会社
に損害を加えることを目的とする場合は、株主は提訴請求をすることができな
い（847条1項ただし書。提訴請求をしたとしてもそれは不適法であり、60日を経過し
たとしても株主は代表訴訟を提起することはできない）。

　㈤　会社は、代表訴訟において被告となった取締役を補助するために訴訟参
加（補助参加）をすることができる（同条1項）。取締役が敗訴すれば会社の評
判が下がることも考えられるから、このような制度はあながち不合理というわ
けではない。ただし、このような補助参加をするためには、監査役設置会社で
はすべての監査役の同意が必要である（同条3項）。

　㈥　代表訴訟を提起した原告株主が、被告と訴訟上の和解をする場合には会
社の承認を得る必要があり、もし承認がなければ当該和解は会社を拘束しない
（850条1項）。原告と被告がなれ合って取締役に有利な和解がなされると会社が
不利益を被るからである。

　㈦　代表訴訟を追行している途中に、会社が株式交換や株式移転（→第7章
Ⅰ6）を行うことにより他の会社の完全子会社となり、代表訴訟の原告であっ
た株主は他の会社の株主となる場合、その者は会社の株主ではなくなるが訴訟
を続けることができる（851条1項）。原告株主の関与できないところで原告適
格を失うことになるのは、不当であると感じられるからである。なお、このよ
うな扱いを認めるのであれば、代表訴訟を提起していなかった株主が、株式交
換や株式移転により株主の地位を失って他の会社の株主になった場合にも、そ
の者（旧株主）に代表訴訟の提起を認めることとした方がバランスがよい。そ
こで、そのような代表訴訟の提起も認められている（847条の2第1項）。

　(b)　対象となる責任
　代表訴訟制度は、役員間の仲間意識などによる提訴懈怠の可能性を理由とし

て認められる。そのような理由は、423条1項の任務懈怠責任など会社法上の責任に限定されず、たとえば、取締役が会社から貸付を受けた場合の貸付金にかかる債務など、取締役が会社に対して負担するあらゆる債務についても当てはまるであろう。最高裁は、代表訴訟によって追及することができる取締役の責任は、取締役の地位に基づく責任のほか、取締役の会社に対する取引債務も含まれるとしている（最判平成21・3・10民集63巻3号361頁）。これによれば、会社からの貸付金債務については代表訴訟の対象となる。しかし、所有権に基づく引渡請求権などについては代表訴訟の対象とはならない。

(c) 多重代表訴訟

以上で説明した代表訴訟は、会社の株主がその会社の取締役の責任を追及することを認めるものである。しかし、会社はその子会社を通じて事業を行うことも多く、そのような子会社が子会社の取締役の行為により損害を被った場合は会社自体も損害を被る。そこで、会社法は、会社の100％子会社（完全子会社）の取締役を被告として責任追及の訴えを当該子会社に代わって提起することを、会社の株式を一定以上有する者に認めている。これを多重代表訴訟という。条文に即して説明すると、次のとおりである。

多重代表訴訟は、「最終完全親会社等」の総株主の議決権の100分の1以上の議決権（または、自己株式を除く発行済株式の100分の1以上の株式）を有する株主が、「特定責任」について提起することができる（847条の3第1項・7項）。

まず、「最終完全親会社等」について説明しておこう。会社法は、「完全親会社」という概念を設けている。完全親会社とは、ある株式会社が他の会社の発行済株式の全部を有する株式会社またはそれと同等の株式会社として法務省令で定められた株式会社（ある株式会社がその完全子会社の保有する株式とあわせて、他の会社の発行済株式の全部を有する場合など）をいう（847条の2第1項、施行規則218条の3第1項）。このような関係は、何重にも連なることがありうるが（親会社、子会社、孫会社……というように）、100％の株式保有の関係で結ばれたそのチェーンの一方の端（もちろん株主の側）となる会社を最終完全親会社等という。

次に、ある会社の株式の最終完全親会社等およびチェーンの中にある会社における帳簿価額の総額が最終完全親会社等の総資産額の5分の1を超える場合における、ある会社の「発起人等」の責任を「特定責任」という（847条の3第

4項)。要するに、最終完全親会社等にとって資産規模の観点から重要な会社の「発起人等」の責任が多重代表訴訟の対象となる。

なお、多重代表訴訟についても、まずはその会社に対して（最終完全親会社に対してではない）提訴請求をする必要があること（847条の3第1項・7項）などは、通常の代表訴訟と同じである。

2　代表取締役

代表取締役は株式会社を代表する機関であり（349条1項）、業務を執行する機関でもある（363条1項1号）。非取締役会設置会社の取締役は、原則として代表取締役ということになる（47条1項・349条1項）。会社を代表する、とはその者の行った行為が会社の行為とみなされ、その行為の効果が会社に帰属することをいう。一般に会社の知・不知（善意・悪意）が問題となる場面では代表取締役の知・不知が会社のそれとして扱われる。なお、以下の説明は、指名委員会等設置会社の代表執行役についても概ね当てはまる（420条3項参照）。

(1)　代表取締役が行う取引行為の会社への帰属

(a)　代表取締役の権限

代表取締役は、会社の業務に関する一切の対外的な行為をする権限を有し、このような包括的な代表権に加えられた制限は、善意の第三者に対抗することができない（349条4項・5項）。たとえば、「当会社の代表取締役は本社建物を売却することができない」といった定款規定を設けても、善意の第三者（たとえばそのような制限を知らずに本社建物を購入した者）に対してこれを主張することはできない。この制限を知らなかった第三者が取引無効の主張を会社から受けるとすると、第三者はいちいち代表取締役の権限について調査をしなければならず、取引の迅速と安全が害されるからである。代表取締役が行った取引行為の効力については、このほか、代表取締役の権限濫用（→(b)）、代表取締役の専断的行為（→(c)）が問題とされる。

(b)　権限濫用

代表取締役が、自己の利益のために代表権を行使するような場合である。たとえば、私的に費消する意図で会社の名義で借金をするような場合がこれに当

たる。このような契約は原則として有効であるが、相手方が代表取締役の濫用の意図を知っていたり、または、知ることができた場合には当該取引は無効となる（最判昭和38・9・5民集17巻8号909頁。民法107条参照）。

(c)　専断的行為

取締役会設置会社において取締役会の決議が必要であるにもかかわらず、決議を得ないで代表取締役が取引を行う場合である。たとえば、取締役会の決議なしに会社にとって重要な財産を代表取締役が売却するような場合がこれに当たる（362条4項1号参照。重要な財産に該当するかどうかは、当該財産の価額や会社の総資産に占める割合、当該財産の保有目的などの事情を総合的に判断して決定される〔最判平成6・1・20民集48巻1号1頁〕）。このような取引は、実際には、代表取締役の権限濫用と評価できるような事実関係がある場合や小規模な会社で取締役会による監督が形骸化しているような場合に生ずることが多い。いずれにしても、このような行為の効力につき、最高裁は、「取引行為は、内部的意思決定を欠くに止まるから、原則として有効であって、ただ、相手方が右決議を経ていないことを知りまたは知り得べかりしときに限って」無効となるとする（最大判昭和40・9・22民集19巻6号1656頁）。なお、重要な財産の譲渡などにつき取締役会決議を必要とする趣旨は、会社の利益を保護することにある。したがって、取引の相手方が契約締結後にたまたま取締役会決議がないことを知った場合に、代金の支払義務を免れたいなどの理由から取引の無効を主張することを認める必要はない。そこで、判例においても、取締役会の決議を経ていないことを理由とする取引の無効は、原則として会社のみが主張することができるとされている（最判平成21・4・17民集63巻4号535頁）。

(2)　代表者の行為についての責任

会社は、代表取締役がその職務を行うについて第三者に加えた損害を賠償する責任を負う（350条）。実際には、この規定によらずに、会社自体の不法行為として会社が民法709条に基づく責任を問われることもある。

(3)　代表取締役の業務執行権限

代表取締役は業務執行権限を有する（非取締役会設置会社について348条1項、

取締役会設置会社〔監査役設置型・監査等委員会設置会社〕について363条１項）。会社を代表する行為も業務執行の一つである。なお、代表取締役の業務執行行為については、それが会社の目的の範囲外のものであったり、法令・定款に違反するなどの場合で、その行為によって会社に「著しい損害」（非取締役会設置会社の場合）ないし「回復することができない損害」（監査役設置会社の場合）が生ずるおそれがあるときには、株主にその差止めを求める権限が認められている（360条）。

Ⅳ　取締役会

　取締役会はすべての取締役によって構成される機関である（362条１項）。株式会社は定款によって取締役会を設置することができるが（すでに述べたとおり、公開会社は必ず取締役会を設置しなければならない）、設置した場合と設置しない場合とでは、取締役の位置づけが異なることに注意しなければならない（→Ⅲ）。

　取締役会は、①代表取締役などの職務執行を監督する監督機関であり、同時に、②会社の業務執行に関する決定を行う意思決定機関でもある。②に従って、取締役会が業務執行に関する決定を行い、代表取締役はそれを執行するという役割分担によって代表取締役の独断的な経営を防ぐことができる、という意味では、①②は同じ目的に役立つものと考えることができる。362条４項は、取締役会がその決定を代表取締役などに委任できず、自らが決定しなければならない事柄を定めているが、この規定の背後にはこのような考え方がある。

　他方、上記とは対照的に、取締役会が決定すべき事項は経営の基本方針などに限るべきであって、経営の細かな事項に関与すべきではない、との考え方が（とりわけ、上場会社に妥当すべき考え方として）支配的になりつつある。少し先取りになるが、たとえば指名委員会等設置会社の取締役会の決定事項に関する416条４項の規定はそのような考え方を反映している。しかし、ここでは、前者の考え方から説明されてきた監査役設置型の取締役会設置会社を念頭に取締役会について考えてみよう。

1　取締役会の権限

(1)　業務執行の決定

　取締役会は、業務執行全般について決議する。もっとも、日常的に生ずる細々とした事項についてまで取締役会で決定しなければならないとすれば非効率的であるし、機動性に欠けるという欠点がある。そこで、取締役会は、代表取締役やその他の取締役に対して日常的な事項についてはその決定を委ねることができる。通常は、取締役会から代表取締役などに対して、そのような権限が委譲されているものと考えてよい。

　もっとも、会社法は362条4項各号所定の事項およびその他の重要な業務執行の決定については取締役にこれを委譲することはできないとする。重要な事項については、取締役会の決議を要求することで、代表取締役の独断専行による不適切な業務執行を防止する趣旨である。362条4項各号において、委譲ができないものとして列挙されている事項は次の(ⅰ)～(ⅶ)である。

- (ⅰ)　重要な財産の処分および譲受け
- (ⅱ)　多額の借財
- (ⅲ)　支配人その他の重要な使用人の選任および解任
- (ⅳ)　支店その他の重要な組織の設置、変更および廃止
- (ⅴ)　社債を引き受ける者の募集に関する重要な事項
- (ⅵ)　内部統制の整備に関する決定
- (ⅶ)　定款の授権に基づく役員等の責任の一部免除の決定

　このほか、会社法の明文で取締役会が決定すべきであると定められている事項についても、権限を委譲することはできない。そのようなものとして、たとえば、

- (ⅷ)　公開会社における募集株式の発行にかかる募集事項の決定（201条1項）
- (ⅸ)　株主総会の招集の決定（298条4項）

——などが挙げられる。また、合併契約（748条）など組織再編契約や組織再編計画の内容の作成などは、「重要な業務執行」に関する決定（362条4項柱書）

として取締役会の決定を要する（監査等委員会設置会社・指名委員会等設置会社においては取締役会の決定を要する旨が明示されている〔399条の13第5項14号〜17号・416条4項16号〜20号〕）。

ところで、重要な業務執行といっても、重要性の程度に差があることは否定できない。特に、上記の(i)(ii)は日常的な経営事項に近い性質をもち、また、機動的な決定が必要な事項でもある。そこで、社外取締役が選任されていること、また、取締役会が一定以上の規模であることの要件のいずれも満たす場合には、あらかじめ選定した3名以上の取締役（特別取締役）の過半数による決定をもって、取締役会決議とすることができる（373条1項）。社外取締役が選任されていることによって、取締役会の監督機能が強化されて代表取締役への権限委譲をより広く認めてよいと考えられること、また、規模の大きい取締役会においては機動的な取締役会の開催が困難であり、限定されたメンバーによる決議を認めるべき必要性が高いと考えられることが、その理由である。

(2) 職務執行の監督

取締役会は取締役の職務執行について監督する。ここでいう取締役は代表取締役など業務執行権限を有する取締役に限られるわけではないが、主としてこのような取締役が監督の対象となるものと考えてよい。また、監督とは、取締役の職務執行が法令・定款に合致したものであるかという適法性に関するチェックにとどまらず、経営判断の妥当性や業務執行の効率性に関わるチェックにも及ぶ。

取締役会による監督がきちんと行われるように、会社法は次の制度を用意している。

まず、代表取締役は3ヶ月に1回以上、自己の職務の執行の状況を取締役会に報告しなければならない（363条2項）。会社の業務執行は、代表取締役以外にも取締役会で選定された取締役（選定業務執行取締役といわれる）によって行うこともできるが、このような取締役も同じく3ヶ月に1回以上、職務執行について報告する義務を負う。この報告については、取締役・監査役の全員に通知することによって省略することは認められない（372条2項）。

また、取締役会は代表取締役を解職することができる（362条2項3号）。選

定業務執行取締役の解職については明文の規定はないが、取締役会において選定する以上、当然にこれもできるものと解される。

2　取締役会の招集・議事

　取締役会は、取締役によって構成される会議体である。取締役は、会社経営に関わる事情についてよく知っていることが前提となっており、また、職務上、取締役会には出席する義務がある。この点、株主総会の構成員である株主（特に取締役会設置会社における株主）が、必ずしも会社経営について熟知しているとは限らないこと、また、株主は株主総会に出席する義務も負わないこととは対照的である。このような違いから、会社法は取締役会の招集や議事に関しては、株主総会に関するルールとは異なるところがある。

(1)　招　集

　取締役会を招集するのは、原則として各取締役である（366条1項）。ただし、多くの会社では社長など特定の取締役が招集権を有するものと定款または取締役会決議で定めており、このような定めも有効である（同項ただし書）。もっとも、招集権者が招集を行わない場合であっても取締役会の開催が必要であることがありうる。たとえば、代表取締役を解職する取締役会を開催したいとある取締役が考えているが、招集権者がこれに反対である場合などである。そこで、会社法は、招集権者の定めがある場合には、招集権者以外の取締役は、招集権者に対し、取締役会の目的である事項を示して、取締役会の招集を請求することができるとし（366条2項）、請求があった日から5日以内に、請求があった日から2週間以内の日を取締役会の日とする取締役会の招集の通知が発せられない場合には、招集請求をした取締役も、取締役会を招集できるようにしている。また、取締役会には監査役も出席するが、監査役も、取締役または招集権者に対して取締役会の招集をすることができる（383条）。

　取締役会の招集は、取締役会の日の1週間前（定款で短縮することができる）までに、取締役（および監査役）に対して発することを要する（368条1項）。また、取締役・監査役全員の同意があるときは、招集手続を経ることなく開催することができる（同条2項）。通知の方法は書面によることを要せず（口頭でも

よい）、また、議題を示す必要もない。取締役会招集に関する規定は、公開会社の株主総会（会日の 2 週間前まで〔定款による短縮不可〕に書面により、議題を特定して行う必要がある）と対照的であり、非取締役会設置会社の株主総会（会日の 1 週間前まで〔定款による短縮可〕、口頭でも可、議題不要）と類似している（299条参照）。

(2) 議　決

取締役会の議決を行うためには、原則として決議に加わることができる取締役の過半数が出席する必要があり、出席した取締役の過半数の賛成によって決議が成立する（369条 1 項）。決議について特別の利害関係を有する取締役は、議決に加わることができない（同条 2 項）。たとえば、利益相反取引の承認における利益相反取締役（356条 1 項・365条 1 項）や代表取締役の解職決議における解職の対象である取締役（最判昭和44・3・28民集23巻 3 号645頁）などがこれに当たる（代表取締役の選定決議については選定の対象である取締役は議決に加わることができる）。このような取締役が議決に参加することにより、会社の利益に反する決議が成立するおそれがあるためである。このことからすれば、特別利害関係を有する取締役が議長を務めることもできないと解すべきであろう。

(3) 決議の省略

定款に規定があるときに限られるが、取締役会設置会社において、決議の目的である事項の提案について取締役の全員が書面（または電磁的記録）により同意の意思表示をしたときは、当該提案を可決する旨の取締役会決議があったものとみなすことができる（370条。監査役が異議を述べたときを除く）。本来、会議の場において取締役がその識見に基づき十分な検討を行うことが望ましいが、機動的な意思決定の必要性にも配慮したものである。ちなみに、取締役会に報告すべき事項については、取締役および監査役の全員に対してこれを報告したときは、取締役会に報告する必要はない（372条 1 項。363条 2 項による報告は除かれる）。

⑷　決議の瑕疵

　取締役会決議については、株主総会決議のように取消しの訴えなどが法定されているわけではない。そのため、招集手続や議事手続などに違法の瑕疵がある場合や、内容が法令・定款に違反する場合には取締役会決議は、法律学の通常の考える一般原則に基づき無効であり、この無効は、特別の訴えによらなくても主張することができるし、主張することができる者に制限もない。確認の利益が認められる場合には、民事訴訟法の原則により、取締役会決議無効確認の訴えを提起することも可能である。

　ただし、取締役の一部に招集通知がされずに取締役会決議がなされた場合につき、最高裁は、「その〔招集通知を受けなかった〕取締役が出席してもなお決議の結果に影響がないと認めるべき特段の事情があるときは、右の瑕疵は決議の効力に影響がないものとして、決議は有効になる」としている（最判昭和44・12・2民集23巻12号2396頁〔傍点筆者〕）。1人の取締役の説得的な発言によって決議の結果が変わることは十分考えられるから、その取締役が出席しても決議の結果に影響がないかどうかの判断は慎重にするべきであって、たとえば、その決議に反対していた取締役が少数にとどまる（よって招集通知を受けなかった取締役が仮に反対の議決権を投じても計算上決議は成立していた）といった事情のみで、決議の結果に影響がないというべきではないだろう（前掲判決は、招集通知を受けなかった取締役がいわゆる名目的取締役であったことは特段の事情に当たりうるとした）。

Ⅴ　監査役

　監査役は、取締役の職務の執行を監査する機関である（381条1項）。監査とは、会社法においては「監督」と区別して用いられているが、いずれにしても業務執行機関の職務執行を監視し、必要があればこれを是正するという意味では監査と監督は共通する。非取締役会設置会社において、その会社が監査役を置く意味はわかりやすい。これに対して、監督機関である取締役会を設置する会社において重ねて取締役の行為をチェックする機関である監査役を設置する（取締役会設置会社においては、指名委員会等設置会社または監査等委員会設置会社でな

い限り、監査役の設置が強制されている）ことの意義はどこにあるのか、疑問に思うかもしれない。このような疑問はもっともな面があって、実際、昭和25（1950）年改正によって取締役会制度が導入された当初は、監査役は廃止すべきだという意見も強かった。結局、このときの改正では監査役を廃止しない代わりにその権限を大幅に限定する（会計監査に限定する）ことで決着し、その後、上場会社を舞台とする粉飾決算等の不祥事が相次いだことにより昭和49（1974）年改正において監査役の業務監査権限が復活したという経緯がある。つまり、監査役という機関が取締役会設置会社において重ねて必要とされているのは、取締役会による監督機能が十分機能してこなかったという現実を反映したものといえる。

とはいえ、取締役会と監査役の役割をまったく一緒のものとするわけにはいかないであろう。一般的には、取締役会による監督は、取締役の職務行為の適法性だけではなくその判断の妥当性にも及ぶのに対して、監査役による監査は、取締役の職務執行が法令や定款に違反しないかという点をチェックするにとどまるとして、両者の差別化が図られている。

1 監査役の欠格事由など

監査役の資格は、法人や一定の犯罪を犯した者などが監査役にはなれないという点で、取締役の資格と同じである（335条1項は、取締役に関する331条1項を準用する）。同様に、公開会社においては監査役の資格を株主に限定する旨の定款規定を置くことはできない（335条1項・331条2項）。

監査役は、取締役の職務の執行を監査する機関であることから、業務執行に携わる者からの独立性が必要とされる。このことから、監査役は会社やその子会社の取締役や支配人などを兼ねることはできない（335条2項）。

2 監査役の選任・終任

監査役の選任・終任に関するルールは、取締役のそれと似通っている。すなわち、選任・解任は株主総会の決議による（329条1項・339条1項。ただし取締役と違い特別決議による〔309条2項7号・343条4項〕）。監査役の職務執行に関し、不正の行為または法令・定款違反の重大な事実があったにもかかわらず、解任

議案が株主総会で否決されたときは、議決権の３％以上を保有するなど一定の要件を満たす株主は解任の訴えを提起することができる（854条1項）。そして、監査役は民法の委任に関する規定に従い、いつでも辞任することが可能である（330条、民法651条1項）。

　もっとも、監査役は、取締役から独立した立場で取締役の職務執行を監査することができる必要がある。たとえば、取締役（特に業務執行の頂点に立つ社長など）の意に反する監査を行うことによって解任されたり、再任されなかったりするようなおそれがあれば、監査役がきちんとした監査をすることは期待できないであろう。そのようなことから、監査役の選任・終任に関する規律は次のような点で取締役とは異なっている。

　まず、①監査役選任議案を取締役会が決定する場合（298条1項5号・4項、施行規則63条7号参照）、当該議案の提出には監査役の過半数ないし監査役会の同意が必要である（343条1項。非取締役会設置会社において、取締役が選任議案を決定する場合も同様）。つまり監査役は監査役選任議案について拒否権を持つ。そして②監査役は、取締役に対し、監査役の選任を株主総会の目的とすることや、監査役の選任に関する議案を株主総会に提出することを請求することができる（同条2項〔特定の者を候補者とする選任議案の提出請求が可能である〕）。③監査役は監査役の選任・解任、または辞任について株主総会で意見を述べることができ（345条1項・4項）、④株主総会による監査役の解任は、特別決議による（343条4項）。

　また、選任・終任に直接関係するものではないが、⑤監査役の任期は4年であり、定款の規定によってもこれを短縮することはできないこと（336条1項）、⑥監査役の報酬は定款に定めがないときは株主総会決議によって決定されるが、これにつき監査役は意見を述べることができること（387条3項）なども監査役の独立性を担保するための仕組みである。

3　監査役の権限・義務

　監査を実効的に行うため、監査役は取締役の職務執行に関する情報にアクセスできる必要がある。そこで、監査役は、いつでも、取締役や会社の支配人その他の使用人に対して事業の報告を求めることができ、また、会社の業務およ

び財産の状況の調査をすることができる（381条2項。なお、必要があるときは子会社に対しても事業の報告を求め、業務および財産の状況の調査をすることができる〔381条3項〕）。また、取締役が、会社に著しい損害を及ぼすおそれのある事実を発見したときは、その事実を監査役に報告しなければならない（357条1項）。会計監査人も、取締役の職務執行に関する不正の行為などを監査役に報告する義務を負う（397条1項）。

監査役が取締役の職務執行に関して違法・不正を見出したときは、監査役は是正のための措置をとることができる。たとえば、取締役が不正行為をしていると判断した場合には、これを取締役会に報告しなければならない（382条）。取締役会における意見陳述義務（383条1項）も、是正のための措置に数えることができるであろう。取締役が法令・定款に違反する行為をし、またはそのおそれがある場合に、これによって会社に著しい損害が生ずるおそれがあるときは、監査役には取締役に対してその差止めを求める権限が与えられている（385条1項）。

また、監査役は会社・取締役間の訴訟につき会社を代表する（386条1項）。したがって、取締役が任務懈怠によって会社に損害を与えたとき、会社は取締役に対し損害賠償請求権を有するが、これを行使する訴訟において会社を代表するのも監査役である。監査役は単に会社を代表するだけではなく、訴えをそもそも提起するか否かについての判断権も有すると解されている。

監査役は、監査報告を作成する義務を負い（381条1項）、この監査報告は定時株主総会の招集通知に際して株主に提供される（437条）。監査報告においては、取締役の職務遂行に関する不正の行為または法令・定款違反の事実についても記載することになっている（施行規則129条1項5号）。

Ⅵ　監査役会設置会社・指名委員会等設置会社・監査等委員会設置会社
——公開大会社におけるガバナンスシステム

大会社である公開会社（ここでは上場会社を念頭に置く）の事業は、実際には多くの従業員や業務執行に従事する役員などによって遂行されている。株式会

社は法的には株主によって構成される社団であるが、多くの人の目には、このような、事業遂行に従事する人々の集団こそが会社の「本体」であるように映っていることだろう。そして、社会にとっても、株主にとっても、事業に従事する集団が、株主が出資した資金を効率的に使って収益を上げること（効率性）、および、事業が法令を遵守して行われること（コンプライアンス）は、大きな関心事である。

　さて、この集団は、採用や昇進などの人事の面でも、事業遂行に際しての指揮命令の面でも、ヒエラルキーを形成している。その頂点には、社長（会社によっては会長）がいて、さらに副社長、専務、常務、○○事業本部長などと呼ばれる役職の人がいることだろう。これらのうち比較的上位に属する人々を、経営者、と呼ぶことにしよう。ここでの問題は、この経営者を会社法の機関設計の中で、どのように位置づけるか、ということである。Ⅶ以下では、公開大会社が選択しうる三つの組織形態について少し詳しくみていくことにしたいが、その前にそれぞれを簡単に説明しておこう。

　監査役会設置会社は、これらの経営者を取締役会の主要なメンバーとするシステムになじむ。結局のところ、監査役会設置会社の取締役会は経営機構の一部として機能する。このような取締役会のことを、マネジメント・ボードと呼ぶことがある。

　そのため、監査役会設置会社におけるコンプライアンスについては、経営者からある程度独立したメンバーから構成される監査役・監査役会が監視する役割を果たしているが、経営の効率性の向上を図るための特別の仕組みが備わっているとはいえない。といっても、それを直ちに欠陥であるとはいえず、ある程度まとまった株式を有する株主（たとえば創業者など）が存在する会社においては、このような株主が非効率的な経営を行う経営者を解任することも期待できる。あるいは、このような株主が経営者である場合には、その者は、効率的な経営を行うことに強いインセンティブを有しているから、この者を監督する仕組みは不要な場合もありうる。

　指名委員会等設置会社は、経営者を執行役（という機関）とするシステムである。執行役は経営方針の決定や重要な業務執行の決定を（法制上は、取締役会の委任を受けて）行い、これを執行する。その際に、経営会議など経営者で構

成される会議がもたれることがあるが、これはさしあたり会社法の機関設計の埒外に置かれる。取締役会および社外取締役がメンバーの過半数を占める三つの委員会（指名委員会、報酬委員会、監査委員会）は、経営のコンプライアンスの確保のほか、経営者の人事・報酬を通じた効率性の面からの監督を行う。たとえば、執行役の選任は取締役会の権限であり、取締役選任の株主総会議案の決定は指名委員会の権限であるから、取締役会や指名委員会は非効率的な経営をする経営者を排除することについて強力な力をもっている。取締役会のもつこのような監督権限に注目して、指名委員会等設置会社の取締役会はモニタリング・ボードを志向したものと評価することができる。株式が多くの投資家に分散して所有され、個々の投資家が経営者を監督する十分なインセンティブをもたない場合や、ある程度まとまった株式を機関投資家が有しているが、採用する投資戦略や金商法上の制約など種々の事情から、機関投資家が経営者を直接に監督することを望まないような場合に、合理的な組織形態であるといえる。

　ところで、近年の上場会社をめぐる議論の潮流は、マネジメント・ボードからモニタリング・ボードへ、というように表すことができるかもしれない。東京証券取引所が策定したコーポレートガバナンス・コード（上場会社はコード内の原則を実施しない場合にはその理由の開示が求められている）も、人事・報酬の決定を通じて経営者に対する監督を行うという取締役会の役割を重視していることがうかがわれる。

コラム⑤　社外取締役・社外監査役

　社外取締役・社外監査役の定義は、条文上、ややこしいが、いずれについても共通するのは、①現にその会社または会社の子会社の業務執行に携わる者（業務執行取締役、執行役、支配人その他の使用人。会社法上「業務執行取締役等」と呼ばれる〔2条15号〕）ではないこと（社外取締役につき2条15号、社外監査役につき335条2項〔なお監査役は業務執行取締役であるか否かを問わずそもそも取締役を兼任できない〕）、②就任前10年間にそのような者であったことがないこと（社外取締役につき2条15号、社外監査役につき2条16号）、③親会社の取締役や使用人など親会社関係者でないこと（社外取締役につき2条15号ハ・ニ、社外監査役につき同条16号ハ・ニ）、が要求されるという点である。

社外役員、とりわけ社外取締役に何を期待するかは会社によって様々である。マネジメント・ボード型の取締役会を採用する会社にあっては意思決定の過程に外部の目が入ることで経営の透明性を向上させるという機能や、経営者に対するアドバイスを与える機能が期待されるかもしれない。モニタリング・ボード型の取締役会を採用する会社にあっては、経営者の業績を評価し、これを人事・報酬に反映させる役割が期待される。このほか、社外取締役には、経営者と会社・株主との間に利益が相反する情況において、これを監督する役割も期待される。具体的には、MBO や親会社による子会社株主のキャッシュアウトが行われようとしている場合に、社外取締役を主要な構成員とする特別委員会が、その条件の妥当性を調査し、あるいは、買収者との間での交渉を実際に行う、などである。このような行為を社外取締役が行ったとしても、それがそのつどなされる取締役会の決議により委託されたものである限り、当該取締役は社外取締役としての地位を失わないものとされている（348条の2）。

コラム⑥　内部統制システムと監査役会・監査等委員会・監査委員会

(1) 内部統制システムの意義（362条4項6号・416条1項1号ホ）

　内部統制システムとは、特に会社の規模が大きい場合において必要となる、会社の業務の適正を確保するための仕組み、である。たとえば、使用人が法令を遵守して業務に従事しているかについて、取締役が直接監視することは、ある程度の規模の企業を前提とする限り現実的ではないだろう。そこで、その代わりに、研修や、内部監査の実施、内部通報制度の整備などを行うことによって法令遵守を確保することが考えられる。なお会社法上の内部統制システムは、法令遵守のための体制だけではなく、たとえば、会社経営の効率性確保のための体制が含まれる（具体的には、施行規則100条1項各号・3項〔監査役会設置会社〕・110条の4第2項〔監査等委員会設置会社〕・112条〔指名委員会等設置会社〕）。大会社であれば、監査役会設置会社・監査等委員会設置会社・指名委員会等設置会社のいずれであるかを問わず、取締役会決議で内部統制システムの大綱についての決定をしなければならない。内部統制システムを適切に整備していれば、結果的に、使用人の不正行為によって会社に損害が発生したような場合にも、そのことによって取締役が責任を問われることはないことになると考えられる。

（2）　内部統制部門と監査役会・監査委員会・監査等委員会との関係

　　内部統制システムに基づき、通常、会社には内部監査室などと呼ばれる内部統制部門が置かれる。法的には、監査委員会・監査等委員会は、取締役である監査委員・監査等委員によって構成されることから、これらの委員会による監査は内部統制部門を利用することとされており、この点は監査役会設置会社における監査役の監査との違いの一つに挙げられることがある。もっとも、内部統制体制の構築・運用は、会社の業務執行の一環であるから、監査委員会設置会社や監査等委員会設置会社においても当然に内部統制部門が監査委員会・監査等委員会に直属するわけではなく、むしろ、社長直轄の形で設置されている会社も多いようである。他方、監査役会設置会社においても、監査役が実地に赴いて個別に監査を行う（実査）ことは、事業規模の大きな会社においてはあまり現実的ではなく、実際には、内部統制部門との連携が必要となる。

Ⅶ　監査役会設置会社

1　監査役会設置会社における取締役会

　　監査役会設置会社における取締役会の権限や業務執行の仕組みは、すでに述べたことが妥当する。監査役会設置会社は、経営者によって取締役会を構成するマネジメント・ボードの採用になじむ。もっとも、上場会社については社外取締役の選任が義務づけられており（327条の2）、工夫次第では、監査役会設置会社の取締役会にモニタリング・ボードとしての役割を担わせることも可能である。

2　監査役会設置会社における取締役の報酬の決定

　　監査役会設置会社においても、取締役の報酬は定款に定めがないときは株主総会の決議によって定められる（361条1項）。すでに述べたように（→Ⅲ1(3)）、報酬に関する株主総会の決議は(ⅰ)取締役全員の報酬の総額の上限の形で定めることができ（上限を変更しない限り次年度以降に株主総会決議を再度経ることを要しない）、(ⅱ)上限の範囲で報酬の各取締役への配分の決定は取締役会に委任することができる、とされてきた。さらに、実務上は、(ⅲ)取締役会が配分の決定を

さらに代表取締役に委任することもできると解されている。しかし、取締役の報酬は、適切な職務執行のインセンティブを付与する機能を有し、また、取締役に対する監督の手段でもあるという観点からは、個人別の報酬がどのように決定されるかが重要であるといえる。そこで、上場会社である監査役会設置会社においては、総額の形で報酬を定める場合には、取締役の個人別の報酬の内容についての決定方針を取締役会で決議することが必要であり（同条7項）、当該方針の決定の方法および内容の概要、当該事業年度の取締役の個人別の報酬が方針に沿うものであると取締役会が判断した理由につき、事業報告に記載し、株主に対して開示することとなっている（施行規則121条6号）。

3　監査役会の意義

　監査役会は、すべての監査役により構成される会議体の機関であり、監査の方針や監査役の監査の職務の執行に関する事項を決定する（390条2項3号）。監査役相互の役割分担などを決定することで効率的な監査を行うことができるが、監査役は依然として独任制の機関であり、権限の行使にあたり監査役会の決定に拘束されるわけではない（同項ただし書。したがって、監査役の権限については V 4 で述べたことが妥当する）。このことは指名委員会等設置会社における監査委員会と監査委員との関係、監査等委員会設置会社における監査等委員会と監査等委員との関係との対比において強調され、監査役会は、監査役の権限行使についての連絡調整のための機関にすぎないものとして位置づけられている。しかし、実際には、会社法上、監査役会の権限として定められている事項も数多い。以下では、監査役・監査役会の権限について説明するとともに、監査等委員会設置会社における監査等委員・監査等委員会、指名委員会等設置会社における監査委員・監査委員会の権限についても、あわせて説明する（以下、監査役・監査等委員・監査委員をあわせて監査役等という）。主として大会社における法令遵守に向けられたこれらの機関の権限は、概ね共通しているからである。

4 監査役・監査役会（監査等委員会・監査委員会）の権限等

(a) 人的構成

監査役会は3名以上のすべての監査役で組織され、その半数以上が社外監査役でなければならない（390条1項・335条3項）。監査委員会・監査等委員会はそれぞれ3名以上のすべての監査委員・監査等委員で組織され、その過半数が社外取締役である（400条1項・3項・331条6項・399条の2第1項）。

(b) 決議の方法

監査役会の決議は、監査役の過半数による（393条1項）。監査委員会・監査等委員会の決議は、議決に加わることができる委員の過半数が出席し、その過半数をもって行う（399条の10第1項・412条1項）。

(c) 取締役の職務執行の監査・監査報告の作成

監査役会設置会社においては、監査の主体は各監査役であり、監査役が取締役の職務執行を監査し、監査報告（監査役監査報告）を作成することになっている（381条1項）。監査役会は、監査役監査報告に基づき（施行規則129条1項、計算規則123条1項）、監査報告（監査役会監査報告）を作成する（390条2項）。これに対し、監査委員会・監査等委員会はそれ自体が監査の主体であり、取締役・執行役の職務執行を監査し、監査報告を作成することになっている（404条2項1号・399条の2第3項1号）。

監査に際しての調査権限も、監査役会設置会社においては各監査役が行使する（381条2項）のに対して、指名委員会等設置会社・監査等委員会設置会社においては監査委員会・監査等委員会で選定された委員が行使する（405条1項・399条の3第1項）。また、選定された委員は権限行使にあたり委員会の決議に従わなければならない（405条4項・399条の3第4項）。

なお、監査役のみならず、個々の監査委員や監査等委員に帰属するものとされる権限や義務もある。たとえば、①取締役や執行役が不正行為等をしていると認めたときに取締役会に報告すべき義務（382条・406条・399条の4）、②取締役が株主総会に提出しようとする議案や書類を調査し、一定の場合にその調査結果を株主総会に報告すべき義務（384条・399条の5）、③取締役・執行役の法令・定款に違反する行為などの差止請求権（385条・407条・399条の6）などである。

(d) 監査役の選任についての同意等

　取締役が、監査役（監査等委員である取締役）の選任に関する議案を株主総会に提出するには、監査役会（監査等委員会）の同意を要する（343条1項・3項・344条の2）。また、監査役会（監査等委員会）は、取締役に対して監査役（監査等委員である取締役）の選任を株主総会の目的とすること、または監査役の選任に関する議案を株主総会に提出するように請求することができる（343条2項・3項・344条の2第2項）。

(e) 会社と取締役との間の訴えにおける会社の代表

　会社が取締役・執行役に対して訴えを提起し、または、取締役が会社に対して訴えを提起する場合は監査役等（監査等委員・監査委員については監査等委員会・監査委員会が選定する監査等委員・監査委員）が会社を代表する（386条1項・399条の7第1項2号・408条1項2号）。

5　会計監査人

　会計監査人は、会社の計算書類などを監査し、会計監査報告を作成するものであり（396条1項）、公認会計士や監査法人といった会計に関する専門家でなければならない（337条1項）。大会社であれば会計監査人を設置しなければならないが（327条5項・328条）、これは大会社においては計算の処理が一般に複雑になり、また、利害関係者も多数となることが通常であるため、計算書類などの適正を確保する必要性が高いためである。会計監査人は、経営者から独立した立場で職務を執行することができるよう、下記のとおり、①選任・解任や報酬の決定について監査役会（あるいは指名委員会設置会社における監査委員会や監査等委員会設置会社における監査等委員会）が関与することになっている。また、監査の過程で経営者の不正などに気づくことがありうることから②職務執行につき監査役会や監査委員会・監査等委員会との連携が図られている。

　①　会計監査人は株主総会において選任され、また、解任されることができる。株主総会に提出するこれらの議案の内容は取締役会ではなく監査役会（あるいは監査委員会・監査等委員会）が決定する（344条3項・399条の2第3項2号・404条2項2号）。会計監査人の任期は1年であるが、任期が満了する定時株主総会において不再任の決議がされない限り再任されたものとみなされる（338

条1項・2項）。不再任の議案の内容の決定も監査役会などの権限である。なお、会計監査人に職務上の義務違反や非行などがある場合には、監査役会（あるいは監査委員会・監査等委員会）は監査役全員の同意（あるいは監査委員・監査等委員全員の同意）により会計監査人を解任することができる（340条）。

　会計監査人の報酬を代表取締役などが決定するにあたっては、監査役会（監査委員会・監査等委員会）の同意が必要である（399条）。

　②　会計監査人は、取締役の職務執行に関し不正等を発見したときは監査役会（監査委員会・監査等委員会）にこれを報告しなければならない。また、監査役（選定監査委員・選定監査等委員）は必要があるときは会計監査人に対して報告を求めることができる（397条）。

Ⅷ　指名委員会等設置会社

1　指名委員会等設置会社の取締役会

　指名委員会等設置会社はモニタリング・ボードの採用に適している。指名委員会等設置会社の業務執行は、他の取締役会設置会社と異なり、取締役から選定される代表取締役・選定業務執行取締役ではなく、取締役会が選任した執行役が行う（執行役は取締役である必要はない）。また、取締役は取締役としての資格においては原則として業務を執行することができず（415条）、会社の使用人になることもできない（331条3項）。取締役会の下には、社外取締役が過半数を占める指名委員会・報酬委員会が置かれ、人事・報酬の決定を通じた経営者の監督をすることが可能になっている。指名委員会設置会社の取締役の任期は、2年ではなく1年（選任後1年以内に終了する事業年度のうち最終のものに関する定時株主総会の終結まで）である（332条6項）。

　指名委員会等設置会社の取締役会も、制度上は、他の取締役会設置会社の取締役会と同様、業務執行の決定全般につき決議することができる（416条1項1号柱書）。ただし、その決定の大部分を執行役に委任することができるし、実際に多くの会社でそのような運用がなされている。このようにすることによって取締役会は経営者に対する監督を実効的に行うことができるようになるわけ

である。もっとも、取締役会がおよそ経営上の決定を行わないというわけではなく、中長期計画の作成など重要な決定についてはなお取締役会が行う。指名委員会設置会社は経営と監督が分離されていることが特徴であるが、取締役が執行役を兼ねることが可能であることとあわせて、経営と監督の分離が徹底しているというわけではないことになる。取締役会が決定すべき基本的事項として、会社法が指名委員会等設置会社の取締役会が自ら決定することを要する事項としているものには、次の(i)～(viii)がある。

(ⅰ)　経営の基本方針
(ⅱ)　内部統制システムの整備
(ⅲ)　株主総会の招集
(ⅳ)　株主総会に提出する議案の決定（取締役の選任・解任などの議案を除く）
(ⅴ)　指名委員会・監査委員会・報酬委員会の委員の選定・解職
(ⅵ)　執行役の選任・解任
(ⅶ)　定款の定めに基づく取締役・執行役の責任の免除
(ⅷ)　組織再編に関する決定（合併契約の内容の決定など）

　取締役会は、執行役の職務の執行を監督する（416条1項2号）。執行役は3ヶ月に1回以上、職務の執行の状況を取締役会に報告しなければならず、取締役会の要求があったときは取締役会に出席し、取締役会が求めた事項について説明をしなければならない（417条4項・5項）。

2　指名委員会・監査委員会・報酬委員会

　取締役会の下に指名委員会・報酬委員会・監査委員会の三つの委員会が設置される。「取締役会の下に」という意味は、これらの委員会は、取締役会が取締役の中から選定する委員から構成され（400条2項。取締役会は委員の解職も可能である〔401条1項〕）、また、委員の職務執行についても取締役会の監督を受ける（416条1項2号）という意味においてである。ただし、各委員会の決定を取締役会決議によって覆すことはできない。これは、指名委員会等設置会社の取締役会に期待される機能からは、社外取締役が多数を占めることが望ましいが、わが国の上場会社の実情からはこのようなことは（たとえば、適任である人

材がそれ程多くないため）実際的ではなく、このため、社外取締役が過半数を占める委員会の決定を取締役会で覆すことができないようにしたものである。

　各委員会の委員は３名以上である必要があり、その過半数は社外取締役である必要がある。各委員会の委員を兼任することはできるから、指名委員会等設置会社においては社外取締役は最低２人選任すれば足りる。とはいえ、それぞれの委員会の役割にふさわしい能力をもった人物が委員をつとめるのが望ましいであろう。

(1)　指名委員会

　指名委員会は、株主総会に提出する取締役の選任・解任に関する議案の作成を行う（404条１項）。株主総会に提出する議案の作成を、取締役会の権限とする株式会社のルールの例外に相当する。指名委員会設置会社の取締役会や三つの委員会の果たす役割にふさわしい人物を選ぶ役割を果たす。また、特に、代表執行役など経営機構の上位にある者は取締役を兼ねることが一般的であり、取締役の選任・解任に関する議案の作成を社外取締役が過半数を占める委員会で行うことは、このようなトップ経営者に対する監督の観点から大きな意味をもつ。なお、法制上は執行役の選定・解職は取締役会決議で行われることに注意が必要である。

(2)　報酬委員会

　報酬委員会は取締役・執行役（取締役と執行役をあわせて、法文上「執行役等」と表現される）の報酬の内容を決定する（404条３項）。具体的には、執行役等の個人別の報酬の内容に係る決定に関する方針を定めたうえで、この方針に従って報酬の額や内容などについて決定する（409条３項。当該方針は監査役会設置会社におけるのと同様、事業報告で開示される〔施行規則121条６号ロ〕）。監査役会設置会社においては、取締役の報酬は株主総会の決議による（361条１項）が、そこでは取締役全員の報酬（総額）の上限のみを定めれば足り、その分配は取締役会に一任できるとされていることと対照的である。報酬委員会は、執行役等の業績についての判断に基づいて、適切な報酬を決定すべきことになる。

(3) 監査委員会

監査委員会は、執行役等の職務の執行を監査し、監査報告を作成する（404条2項1号）。監査役会設置会社における監査役による監査との違いは、①監査役は独任制の機関とされ、監査役会から独立して職務を遂行する建前となっているのに対して、監査委員会は機関としての監査を行うこと（監査委員は一般に独任制の機関として整理されていない）、②監査の対象が監査役会設置会社においてはいわゆる適法性監査に限定されるのに対して、監査委員会による監査においては、妥当性監査にも及ぶこと、③監査の手法として、監査役会設置会社における監査は監査役が自ら行うことが予定されているのに対して、指名委員会等設置会社における監査は内部統制部門を通じた監査が予定されていること、が挙げられる。

①についていえば、たとえば、指名委員会等設置会社においては、監査委員会が選定する監査委員が執行役等や使用人に対して、職務の執行に関する事項の報告を求め、会社の業務および財産の状況を調査することとなっており、これらについては、当該監査委員は監査委員会の決議に従わなければならない（405条）。ただし、執行役等の不正な行為などについての取締役会に対する報告（406条）や執行役等の行為の差止め（407条）については、監査委員は監査委員会の決議に従うべき旨の規定はなく、監査役会設置会社との違いは、この点ではそれほど大きいものではない。

②は、監査役が取締役ではないのに対して、監査委員が取締役であることからの帰結であるとされる。もっとも、監査委員として有する権限は監査役とほぼ同じであり、その権限は主として適法性監査を念頭に置いているものと解される。もちろん、監査委員も取締役であるから、取締役会の一員として、取締役・執行役の業務執行の決定などについて妥当性の観点からのチェックを行うことは当然である。

③についても、実態としては監査役会設置会社と指名委員会等設置会社でそれほど違いはない可能性はある（→コラム⑥）。

3　執行役・代表執行役

(1)　選任・解任

　執行役は、取締役会において選任する（402条2項）。代表執行役は、執行役の中から取締役会が選定する（420条1項）。いずれも取締役会によって解任（執行役〔403条1項〕）、解職（代表執行役〔420条2項〕）をすることができる。執行役の任期は、1年（選任後1年以内に終了する事業年度のうち最終のものに関する定時株主総会の終結後最初の取締役会終結の時まで）である。

(2)　権　限

　執行役は指名委員会等設置会社の業務を執行し、また、取締役会から委任を受けた事項について業務執行の決定を行う（418条）。

　執行役に対して取締役会が決定を委任することができる事項は多い（416条4項）。重要な財産の譲渡や多額の借財などはもとより、募集株式の発行の決定や社債の募集などについても執行役が決定することができる。他方、組織再編契約・組織再編計画の内容の決定などは原則として取締役会決議が必要である。

　執行役は、取締役会の招集権者である取締役に対して取締役会の招集を請求することができ、また、請求したにもかかわらず取締役会の招集通知が発されないときは、自ら取締役会の招集をすることができる（417条2項）。業務執行に関して、取締役会との連携を確保する趣旨である。

　執行役は、取締役会に出席する権利を有するわけではないが、取締役会の要求があったときは、取締役会に出席し、取締役会が求めた事項について説明をしなければならない（同条5項）。

　代表執行役は、会社を代表する。代表取締役と同様の規律が定められている（420条3項）。

IX　監査等委員会設置会社

1　監査等委員会設置会社の取締役会

　監査等委員会設置会社は、シニカルにみれば監査役会設置会社と似ている。監査等委員会設置会社においては、監査役を置くことができない代わりに、「監査委員である取締役」が選任される。「監査委員である取締役」の株主総会における選任は、それ以外の取締役と区別して選任され、また、その任期も異なっている。監査役会設置会社の監査役を監査等委員と名前を変え、これに取締役会における議決権を与えれば、ほぼ監査等委員会設置会社と同じものができあがるだろう。監査等委員会設置会社という機関設計が用意されたのは、平成26年改正においてであるが、その際、監査役会設置会社において社外取締役の選任が事実上強制された（社外取締役を置かない場合には「社外取締役を置くことが相当でない理由」の説明が定時株主総会において求められた〔令和元年改正前327条の2〕）ことから、看板を掛け替えるような形で監査等委員会設置会社に移行する会社が出ることが予想されていた。監査役会設置会社のままでも社外監査役が最低2名必要であり、そのほかに社外取締役の選任が要求されるとすれば、それよりも監査等委員会設置会社に移行した方が（社外者を役員に加えることを歓迎しない会社にとっては）好都合である（監査等委員会設置会社においては監査等委員である社外取締役は2名で足りる）というわけである。もっとも、このようなことが望ましいこととして立法上期待されていたわけでは必ずしもない。指名委員会等設置会社を導入する会社は、多いとはいえないが、その理由として、業務執行部門のトップ（社長・会長など）が人事権を社外者（社外取締役が過半数を占めることになる指名委員会）に掌握されることに抵抗があることが指摘されてきた。監査等委員会設置会社は、取締役の選任議案の決定権を取締役会に残すことで、このような（経営者にとっての）抵抗感を薄めつつ、運用次第では、指名委員会設置会社に近い、モニタリング型のシステムを構築することを可能とすることが意図されている。

　監査等委員会設置会社の取締役会は、経営の基本方針を決定する（399条の13第1項1号イ）ほか、基本的には監査役会設置会社の取締役会と同等の権限を

有する。たとえば、「重要な業務執行の決定」は原則として取締役に委任することはできない（399条の13第4項）。ただし、①取締役の過半数が社外取締役である場合（同条5項）、または②定款でその旨の定めを置いた場合（同条6項）は、特に取締役会に留保される事項（同条5項各号。指名委員会等設置会社の場合〔416条4項〕とほぼ同一）を除き、「重要な業務執行」についても取締役に決定を委任することができる。

　①の場合については、社外者が過半数を占めることにより取締役会の業務執行者（代表取締役・業務執行取締役）に対する監督が充実すると考えられることから、取締役会が意思決定をこれらの者に委ねても差支えないといえることによる。②については、監査等委員会が取締役の報酬・人事についても一定の役割を果たすことが期待できるから、という説明が可能である。

　なお、監査等委員会設置会社においては、監査役会設置会社と同様、取締役会で選定される代表取締役やその他の業務執行取締役が会社の業務を執行する（363条1項）。

2　監査等委員会

　監査等委員会は、監査等委員である取締役全員によって構成される（399条の2第1項）。取締役は監査等委員である取締役とそれ以外の取締役を区別して株主総会において選任される。前者の任期は2年である（定款によっても短縮することはできない）のに対して、後者の任期は1年である（332条1項・3項）。身分を保障することによって、監査の実効性を確保しようとしたものであり、監査役の任期（4年）と同じ趣旨である（監査役の任期より短くされているのは、監査等委員も取締役であり、取締役会における意思決定に参加するからである）。監査等委員である取締役は、会社または子会社の業務執行取締役であってはならず、また使用人であることもできない（331条3項）。監査等委員である取締役は3名以上である必要があり、その過半数は社外取締役であることを要する（同条6項）。

　監査等委員会の権限は、監査役会設置会社の監査役、指名委員会等設置会社の監査委員会とほぼ同じである。監査等委員会においては、①委員の独任制がとられていないこと、②妥当性監査に及ぶこと、③内部統制部門を通じた監査

が予定されていること、について指名委員会等設置会社の監査委員会と同様であるが、それらの特徴が相対的なものにすぎない点もまた監査委員会と同様である。

　監査等委員会は、監査役会や監査委員会が有しない重要な権限を有している。それは、監査等委員会の選定する監査等委員は、①監査等委員以外の取締役の選任、解任、辞任につき株主総会において監査等委員会の意見を述べることができ（342条の2第4項）、また、②監査等委員以外の取締役の報酬の決定についても、株主総会で意見を述べることができる（361条6項）ことである。これらの権限は、指名委員会等設置会社の指名委員会や報酬委員会の権限に比べれば、弱いものではある。取締役の選任議案や報酬に関する議案は、取締役会が決定する点では、監査役会設置会社と違わないからである。しかし、経営者のパフォーマンスの評価と人事・報酬を通じたそのフィードバックを可能にする点で、モニタリング型のシステムの運用にも途を拓くものであるといえる。なお、報酬の決定については、上場会社である監査役会設置会社と同様の規律が監査等委員会設置会社についても妥当し、個人別の報酬を株主総会等で定めていない限り、個人別の報酬の内容についての決定方針を取締役会で決定しなければならず、当該方針は、事業報告で開示されることになっている。

コラム⑦　会計参与

　本文では説明を省略したが、会計参与は、取締役（指名委員会等設置会社においては執行役）と共同して計算書類などを作成する機関である（374条1項）。会計参与は、税理士、公認会計士など会計の専門知識を有する資格者でなければならないものとされており（333条1項）、このような者が計算書類などの作成に関与することによって計算書類などの正確性の向上に寄与することが期待されて、会社法に導入されたものであるが、実際にはあまり普及していない。会計参与が取締役と「共同して」計算書類などを作成するということは、会計参与および取締役の双方が同意しなければ計算書類を適法に作成できないということを意味する（したがって、会計参与が同意しない計算書類は、たとえば監査役設置会社においては監査役の監査を受ける〔436条1項〕ことや、取締役会の承認を

受ける〔同条 3 項〕ことができないことを意味する)。会計参与という機関は、制度上はあらゆる機関設計の株式会社において設けることができる。

　会計参与は、会計帳簿など計算書類などの作成に必要な資料を、いつでも閲覧することができる（374条 2 項）。その他、職務を行うために必要があるときは、会社または子会社に対して会計に関する報告を求め、業務および財産の状況を調査することができる（同条 3 項）。

第 5 章

資金調達

　会社が現在の収益だけで事業の維持・拡大に必要な資金を十分まかなえているのであればよいが、急成長中の会社や、逆に、事業が不調な会社では、必要な資金が足りず、外部からの資金調達が必要となる場合もある。第 1 章 I 2 でみたように、その方法としては、大きく分けて、①出資を受け入れる形での資金調達（エクイティによる資金調達）と、②借入れによる資金調達（デットによる資金調達）とがある。①では、資金提供者に株式を交付する。②の例としては、銀行等の金融機関からの融資や取引先からの信用供与（商品等を納品後、支払をしばらく猶予したりするなど）を受けることのほか、「社債」を発行するという方法もある。

　これらのうち、金融機関・取引先から受ける信用供与等については会社における一般的な意思決定のルールに従って行えばよく、内容についても、基本的には契約で自由に決めることができる。これに対して、会社法は、株式による資金調達およびそれと密接に関連する新株予約権の発行と、社債による資金調達については、その内容や発行手続につき特別の規定を置いている。本章では、それらについて順にみていくことにする。

Ⅰ　募集株式の発行等

1　はじめに

(1)　募集株式の発行等とは

　会社から誰かに株式が交付される場合、その株式は新たな株式である場合が多いが、会社が保有する自己株式である場合もある。そのような新株の発行や自己株式の処分は、取得請求権条項・取得条項・全部取得条項（→第3章Ⅰ2(3)(c)）の付された種類株式の取得の対価の交付として、あるいは、株式無償割当て（→第3章Ⅲ1(3)）や組織再編（→第7章）に伴って行われることもあるが、最も典型的なのは、資金調達等を目的として、会社が誰かに対して金銭等と引き換えに株式を交付する場合である。その手続は199条以下に規定されており、それに従って行われる新株発行・自己株式処分が募集株式の発行等である。

　ここで誤解しやすいのは「募集」という言葉の意味である。普通、「募集」というと、広く呼びかけて株式がほしい人を集めるような場面を想像するだろうが、ここでいう「募集」では、呼びかけは誰か特定の人に対してだけ行ってもよい。そして、そのような「募集」に応じて申込みをした者に割り当てる株式が募集株式と呼ばれている（199条1項柱書括弧書）。そのため、募集株式の発行等には、特定の人に対して新株発行・自己株式処分を行うような場合も含まれることに注意してほしい。

(2)　募集株式の発行等の類型
(a)　株主割当てと公募・第三者割当て

　募集株式の発行等は、誰を対象とするのかによって、株主割当てとそれによらない場合（公募・第三者割当て）とに大別される。

(ア)　株主割当て

　株主割当てとは、既存株主（今いる株主）だけを対象として株式の引受けを募集し、それに応じた株主に対してそれぞれの持株数に比例して（比例させなければ次の(イ)の話である）株式を割り当てるという募集株式の発行等である。たとえば、P社の発行済株式10株のうちAが4株（40%）、Bが4株（40%）、C

が2株（20%）保有している状況で、株主割当てにより5株の新株発行を行い、全員がそれに応じるとすると、Aに2株、Bに2株、Cに1株の割当てがなされ、その結果、P社の発行済株式15株のうちAが6株（40%）、Bが6株（40%）、Cが3株（20%）を保有することになる。このように、当然ながら、全株主が応じる限り株主割当てでは各株主の持株比率は影響を受けない。

また、募集株式の発行等では、株式の割当てを受けた者は一定の金額（払込金額）を払い込んで株式を手に入れることになるが、株主割当ての場合には、全株主がそれに応じる限り、その金額をいくらに設定しても募集株式の発行等自体によって株主が経済的な不利益を被るおそれは小さい。前記の例で、新株発行前の株主に属すべきP社の企業価値（＝P社を丸ごと買うときの値段＝P社の全株式の価値）が200であるとすると、1株の価値は20（200÷10株）である。ここで、新株発行を行うとその分だけP社の企業価値が増えるとすると、5株の新株発行の払込金額を1株当たり5として行えば、P社の企業価値は225（200＋5×5株）となり、1株の価値は15（225÷〔10株＋5株〕）となる。時価よりも低い払込金額で新株を発行したために1株の価値が20から15に下がってしまったわけであるが、そのことで株主が経済的な不利益を被るわけではない。すなわち、新株発行後の各株主の保有株式の価値はA・Bが各90（15×6株）、Cが45（15×3株）となっており、これは各株主の新株発行前の保有株式の価値（A・Bが各80〔20×4株〕、Cが40〔20×2株〕）と新株発行に応じて払い込んだ額（A・Bが各10〔5×2株〕、Cが5〔5×1株〕）との合計に等しい。

このように、株主割当ては、株主の持株比率を維持する利益にも経済的利益にも与える影響は小さい。ただし、以上の説明では、全株主が株主割当てに応じることが前提であったことには注意を要する。応じられない株主には持株比率の点でも経済的利益の点でも不利益が生じるし、また、そのような不利益の可能性があるために、各株主は応じることを半ば強制されてしまうという問題もある（Ⅱ3も参照）。

(イ)　公募・第三者割当て

株主割当てによらない募集株式の発行等には、①不特定多数の投資家を広く対象とする公募による場合と、②特定の第三者を対象とする第三者割当てによる場合とがある。いずれの場合も、既存株主の持株比率は維持できないし、払

込金額が不当に低く設定されると既存株主の経済的利益も害される。たとえ
ば、㋐のP社が5株の新株発行を払込金額を5としてDに対して行ったとし
よう。その結果、Dが新たに持株比率33.3％（5株÷15株）の株主になるのに応
じて、既存株主の持株比率は、A・Bにつき各40％から26.7％（4株÷15株）
に、Cにつき20％から13.3％（2株÷15株）に低下する。また、新株発行後の1
株の価値は20から15に下がるので、既存株主の保有株式の価値は、A・Bにつ
き各20（20×4株－15×4株）、Cにつき10（20×2株－15×2株）下がり、A・
B・Cは合計で50の損害を被ることになる。その分、1株当たり5を払って新
たに株主となったDが50（15×5株－5×5株）の利益を得ている。このよう
に、株主割当てによらない場合には既存株主の持株比率の低下は避けられない
し、経済的不利益の可能性も大きい。しかし、既存株主からだけでは必要な資
金を調達できない場合や、特定の相手からの出資を受け入れて資本提携を行お
うとする場合のように、株主割当てによるのが難しかったり適切ではなかった
りする場合もあるため、会社法は株主割当てによらないことも認めている。

　①の公募は不特定多数の投資家を相手とし、会社が提示する条件で株式を引
き受けてもよいと考える者を募るため、既存株主だけを相手にする場合よりも
必要とする資金の全額を調達しやすい。もっとも、公募がうまくいくために
は、株式を簡単に売却できる環境が必要なので（そうでないと、応じてくれる人
が集まらない）、これができるのは、事実上、上場会社のような会社に限られ
る。また、公募では、投資家との間に証券会社に入ってもらい、証券会社がいっ
たんすべての募集株式を引き受けてから投資家に分売するか（買取引受け）、
投資家に引き受けてもらえなかった残りを証券会社が引き受けるか（残額引受
け）のいずれかの形をとるのが通例である。どの証券会社も相手にしてくれな
いような会社では、公募で予定どおりの資金調達を行うことは難しい。

　②の第三者割当ては、資本提携等の目的で特定の者にある程度の株式を取得
してもらうために行われる。適切な状況で適切に行われる限り、そのような形
で誰かからの出資を受け入れることは会社、ひいては既存株主にとって利益と
なりうるが、反面、第三者割当ては会社の支配権に変動をもたらすことも多
く、また、資本提携等の目的があるために払込金額も低く設定されがちである
ため、色々なトラブルのもととなりやすい類型である。

(b) 公開会社と非公開会社

(a)の誰を対象として募集株式の発行等を行うのかという点と並んで、それが行われるのが上場会社（公開会社の典型）であるか閉鎖会社（その中心は非公開会社）であるかによっても状況は大きく異なる。上場会社の普通の株主は持株比率の維持への関心が低く、0.0013％の持株比率が0.00115％に下がったからといって怒ったりはしない。そのような株主が怒るのは、自分の保有株式の価値が下がる場合である。また、上場会社では必要なタイミングで株主総会を開催するのは容易ではないため、より簡便な手続で行うニーズがある。これに対して、閉鎖会社では、各株主は通常、自己の持株比率について強い関心を有しているし、必要な時に株主総会を開催するのもそれほど難しくはない。そこで、会社法は、公開会社における募集株式の発行等については上場会社を念頭に比較的軽い手続を定め、非公開会社とは異なる取扱いをしている。

2　募集株式の発行等の手続

募集株式の発行等は、おおよそ、①募集株式の発行等の内容の決定と株主に対する周知、②申込みと割当てによる引受人の決定、③出資の履行による効力の発生という流れで行われる。以下、その順に会社法の規定をみていこう。1(2)でみたような既存株主の利害状況などの違いから、会社法は、株主割当てか否か、公開会社か否かによって手続に関するルールを分けているので、その点にも注意してもらいたい。

(1)　募集事項等の決定と周知

(a)　募集事項

募集株式の発行等を行う際に、その内容として決めるべき事項は199条1項に定められており、これを「募集事項」という。なお、株主割当てを行う場合には、募集事項の決定にあわせて、その旨と株主からの引受けの申込みの期日を定める必要がある（202条1項）。

(ア)　募集株式の数（1号）および払込金額（2号）

どれだけの数の募集株式を1株当たりいくらで発行・処分するか、ということである。払込金額については、たとえば一定時点の株式の市場価格の一定割

合という形での算定方法を定めてもよい。さらに、公開会社で市場価格のある株式については、募集事項の決定の段階では「公正な価額による払込みを実現するために適当な払込金額の決定の方法」を定めてもよいとされている（201条2項）。この決定方法として想定されているのは、公募による募集株式の発行等に際して機関投資家等に対するアンケートで需給状況調査を行い、それをもとに払込金額を決定する「ブックビルディング方式」と呼ばれるものである。上場会社における公募の多くでは、この方法によって具体的な払込金額が決定されている。

(イ)　現物出資に関する事項（3号）

募集株式の発行等は金銭以外の財産、たとえば不動産や他社の株式と引き換えに行うこともできる。これを現物出資といい、それを行う場合には、あらかじめ募集事項として、その旨、現物出資される財産の内容、それをいくらの財産として出資するかを定めておかなければならない。現物出資を行う場合には、原則として検査役調査等の手続が必要となる（→(3)(a)）。

(ウ)　払込期日または期間（4号）

払込金額の払込み（または、現物出資財産の給付）の期日や期間の定めである。募集株式の発行等の効力が生じる時期にも関係する（→(3)(b)）。

(エ)　資本金等に関する事項（5号）

募集株式の発行等により新株を発行する場合には、その分、資本金や資本準備金が増加する（→第6章Ⅱ1(2)(a)(ア)(イ)）。それぞれどれだけ増加させるかを募集事項として決定する。

(b)　募集事項等の決定機関

(ア)　非公開会社における株主割当て以外の場合

非公開会社で株主割当て以外の方法で募集株式の発行等を行う場合の募集事項の決定は、株主総会の特別決議によらなければならない（199条2項・309条2項5号）。また、払込金額が募集株式の引受人にとって特に有利な金額（→コラム①）である場合、言い換えれば、払込金額が特に低額で既存株主が経済的不利益を被るおそれが大きい場合には、取締役は、株主総会において、そのような募集株式の発行等を行うことを必要とする理由（たとえば、その者との資本提携が事業の維持・発展に不可欠であるといったこと）を説明しなければならない

【表】募集事項等の決定機関

	株主割当て以外	株主割当て
非公開会社	株主総会特別決議 （199条2項・309条2項5号） 総会決議で取締役（会）に委任 （200条1項）　　　　　（→(ア)）	株主総会特別決議 （202条3項4号・309条2項5号） 定款で取締役（会）に委譲 （202条3項1号・2号）　　（→(イ)）
公開会社	取締役会決議（201条1項） 有利発行は株主総会特別決議 （199条2項・309条2項5号）（→(ウ)）	取締役会決議（202条3項3号） 　　　　　　　　　　　　（→(エ)）

（199条3項）。

　ただし、非公開会社であっても、急成長中の会社などでは機動的な資金調達のニーズはあり、また、株主の状況によっては簡単に株主総会を開催できない場合もある。そこで、あらかじめ株主総会の特別決議により1年間以内の期限で一定の枠を決めておいて、その範囲内で取締役（取締役会設置会社では取締役会）に募集事項の決定を委任することも認められている（200条1項・3項・309条2項5号）。

　(イ)　非公開会社における株主割当ての場合

　非公開会社で株主割当てにより募集株式の発行等を行う場合の募集事項・株主割当てに関する事項の決定は、株主総会の特別決議によらなければならないのが原則である（202条1項・3項4号・5項・309条2項5号）。株主割当てといえども、それに応じない株主には不利益が生じるし、そのために株主は応じることを半ば強制されることになるので、株主総会の特別決議が要求されている。もっとも、それでもやはり株主割当ては既存株主に不利益を及ぼすおそれが最も小さい方法であるため、定款の定めにより募集事項等の決定を取締役の決定（取締役会設置会社では取締役会決議）によることとすることも認められている（202条3項1号・2号）。

　(ウ)　公開会社における株主割当て以外の場合

　公開会社で株主割当て以外の方法で募集株式の発行等を行う場合の募集事項の決定は、取締役会の決議によるのが原則である（201条1項）。上場会社を念頭に、資金調達の機動性を確保する必要性に配慮したものである。

　ただし、既存株主の経済的利益が害される可能性を考慮し、払込金額が募集

株式の引受人にとって特に有利な金額（→コラム①）である場合には、募集事項の決定は株主総会の特別決議によらなければならないとされている（201条1項で199条3項の場合が除外されている）。これを有利発行規制という。

　一方、既存株主の持株比率を維持する利益については、ここでは特に考慮されていない。一般に公開会社（上場会社が念頭にある）の株主は持株比率の維持への関心が低いし、維持したければ市場で株式を買い増すこともできるからである。もっとも、公開会社でも会社の支配権が問題となるような局面は起こりうる。そのような場合については、不公正発行を理由とする募集株式の発行等の差止め（→3(1)）や、支配権の変動を伴う募集株式の発行等に関する特則（→(2)(b)(イ)）が問題となる。

(エ)　公開会社における株主割当ての場合

　公開会社で株主割当てにより募集株式の発行等を行う場合の募集事項・株主割当てに関する事項の決定は、取締役会決議による（202条1項・3項3号・5項）。株主の持株比率への関心が低い公開会社においても、払込金額が時価よりも安く設定されると株主割当てに応じない株主には経済的な不利益が生じるため、事実上の強制の問題は残るが、有利発行規制のような規制はない。株主としては、割当てを受ける権利が与えられる基準日の前に（そのような権利が与えられることを見越した金額で）市場で株式自体を売却する等して経済的な不利益をある程度回避することもできるため、厳重な手続規制を課すまでもないと考えられたためである。

コラム①　特に有利な払込金額

　募集株式の引受人にとって有利な払込金額で募集株式の発行等が行われると、引受人（＝新株主）が利益を得る分、既存株主が損失を被ることになるが、たとえば従前の株式の時価との比較では一見、有利な払込金額が設定されていても、その引受人との資本提携等により会社が得られる利益を考慮すると、結局は既存株主にとっても利益となることもある。したがって、一見、有利な払込金額による募集株式の発行等であっても一律に禁止するのは適切ではなく、トータルで既存株主の利益になるか否かでその可否が決まるようにするのが理想的である。

しかし、既存株主の利益になるか否かを事前に見分ける仕組みを作るのは不可能なので、その代わりに会社法は、一見、特に有利な払込金額が設定された場合には、株主総会で既存株主の利害について慎重に検討させることにしている。「特に」という限定が付されているのは、一見、というレベルでも有利か否かの判断は容易ではないことがあるので、単に有利か否かというだけでは特別な手続を要求する基準としては危なっかしいからである。

　以上から分かるように、有利発行規制が問題としているのは、ある払込金額が実質的に有利（既存株主にとって不利）であるか否かではなく、「通常、適切な払込金額と考えられる額」よりも払込金額が相当に低く設定されていることである。そして、「通常、適切な払込金額と考えられる額」とは、多くの場合は募集株式の発行等の前の株式の時価であると考えられている。閉鎖会社においては時価がいくらかも難しい問題であるが（だからこそ、有利発行でなくても株主総会決議が必要とされているともいえる）、上場会社については株式の市場価格があるため、それを一応の適切な払込金額の目安と考えることができる。実際、上場会社で行われる公募や第三者割当てにおける払込金額は、株式の市場価格を参考に決められることが多い。

(c)　株主への周知

　非公開会社では原則として募集事項の決定に株主総会決議が必要なため、改めて株主にそれを知らせる特別な手続は用意されていない。ただし、株主割当ての場合には、株式の引受けの申込期日の2週間前までに、募集事項や株主割当てに関する事項を株主に通知しなければならないとされている（202条4項）。株主割当てに応じる機会を与えるために、改めて各株主への通知を要求するものである。

　一方、公開会社において取締役会決議のみで手続が進んでいくと、とりわけ第三者割当てでは既存株主が知らない間に募集株式の発行等の効力が発生してしまう可能性がある。しかし、実はそれは有利発行かもしれないし、不当な目的のために行われるものかもしれない。そこで、そのような場合に株主が差止め（→3(1)）などの対処ができるようにするために、取締役会決議で募集事項を定めた場合には、株主に対して払込期日または払込期間の初日の2週間前までに募集事項を通知するか、通知に代わる公告をしなければならないとされて

いる（201条3項・4項）。ただし、公開会社でも株主割当ての場合には、前述のように別途通知が要求されているので、この通知・公告は不要である（202条5項）。また、上場会社が金融商品取引法の規定に従って有価証券届出書等による開示を行う場合には、周知の度合いも情報の量も会社法に従った公告をはるかに上回ることになるため、この通知・公告は不要とされている（同項）。

(2) 申込みと割当て

募集事項等の決定・周知が行われた後、株式を引き受けようとする者からの申込み（→(a)）を受け、それに対して会社が割当て（→(b)）を行うことで募集株式の引受人（出資の履行をすれば株主となる者）が確定するというのが原則的な手続である。ただし、そのような手続を経ることなく、会社が引受人となろうとする者との間で総額引受契約（→(c)）を締結するという方法もある。

(a) 申込み

まず、会社は、募集株式の引受けの申込みをしようとする者に対し、募集事項や払込金の払込取扱場所（銀行口座など）のほか、一定の重要事項（募集株式の権利内容に影響を与えそうな定款規定の内容など）を通知しなければならない（203条1項、施行規則41条）。株主割当ての場合は、通常、この通知は各株主に対する割当通知と同時になされる。株主割当て以外の場合には、誰が「申込みをしようとする者」であるかは会社には分からない場合もありうるので、それに対して通知せよというのは理屈としていかにも妙であるが、要は、申込みの前提として一定の情報が提供されている状態を確保せよということである。必要な情報が提供されていればいいので、会社が申込者に金融商品取引法の規定に従って情報提供することでこの通知を代替することも認められている（203条4項）。

以上のような情報提供を受けたうえで、募集株式の引受けの申込みをする者は、会社に対して書面または電磁的方法により申込みを行う（203条2項・3項）。株主割当ての場合にも申込みは必要であり、株主が申込期日までに申込みをしない場合には、その株主は割当てを受ける権利を失ってしまう（204条4項）。

(b)　割当て

　申込みを受けた会社は、申込者の中から募集株式の割当てを受ける者を定め、その者に割り当てる募集株式の数を定めなければならない（204条1項）。この割当ての決定は、業務執行の決定に関する一般的なルールによって適宜の機関（取締役や取締役会）が決定する。決定後、会社は、払込期日または払込期間の初日の前日までに、割当てを受けた申込者に割り当てた募集株式の数を通知する（同条3項）。割当てを受けた申込者は、割り当てられた募集株式についての引受人となる（206条1号）。

　株主割当ての場合には、各株主は持株数に応じて割当てを受ける権利を有するので（202条2項）、期間内に申込みをした株主には適切な割当てをしなければならない。これに対して、株主割当てでない場合には、誰にどれだけ割り当てるのかは決定機関が決めることができるのが原則である。募集事項等の決定の手続の中で株主割当てでないことはすでに確定しているので、実際に誰に割り当てるかについては比較的軽い手続で決めてもよいという整理である。ただし、以下のような例外がある。

　㋐　譲渡制限株式の場合

　募集株式が譲渡制限株式である場合には、割当ての決定は、取締役会設置会社でない会社では株主総会特別決議、取締役会設置会社では取締役会の決議によらなければならない（204条2項・309条2項5号）。これは、誰にどれだけの譲渡制限株式を新たにもたせるかの判断は、誰かに対する譲渡制限株式の譲渡を認めてもよいかの判断と同じようなものだとして、譲渡制限株式の譲渡承認機関に関するルール（→第3章Ⅱ5(2)(a)）に揃えたものである。

　㋑　公開会社で支配権の変動がある場合

　公開会社では、有利発行でなければ、取締役会限りで特定の第三者に対して（発行可能株式総数の範囲内で）大規模な募集株式の発行等を行うことも可能である。それは、公開会社の典型である上場会社における株主は自己の持株比率にはたいして興味がなく、機動的な資金調達の便宜を優先した方がよいと考えられたためである。しかし、上場会社の株主にとっても、大株主の状況が変化してその後の経営方針等に影響が出るのであれば、それは重大な関心事となることもありうる。また、経営者に対する牽制という観点からみても、取締役会が

大株主となる者をいつでも自由に選ぶことができるという状況は好ましいものではない。そこで、会社法は、募集株式の引受人がそのまま株主となると、新たに総株主の議決権の過半数を有する株主となる場合の募集株式の割当てに限って、以下のような特別のルールを置いている（206条の2）。

まず、そのような引受人がいる場合には、会社は、払込期日または払込期間の初日の2週間前までに、株主に対する募集事項の通知・公告に加えて、その引受人に関する事項（氏名・名称や割当株式数等）を通知・公告しなければならない（206条の2第1項・2項。金融品取引法に従った同様の情報開示がある場合は不要〔同条3項〕）。そして、その通知・公告から2週間以内に、総株主の議決権の10％以上の議決権を有する株主がその引受人による引受けに反対する旨を会社に通知してきた場合には、会社は、その引受人に対する割当てについて株主総会決議（普通決議だが、定足数の引き下げに限界がある）による承認を受けなければならない（同条4項本文・5項）。上場会社で急に株主総会を開催するのは事実上不可能なので、もしそのような事態に至れば、予定どおりのタイミングで募集株式の発行等を行うことはできなくなる。ただし、緊急事態に対応できるように、会社の財産状況が著しく悪化している場合において、会社の事業継続のため緊急の必要があるときは、十分な反対通知があっても株主総会決議による承認は不要とされている（同条4項ただし書）。

(c) 総額引受契約

募集株式の引受人は、以上の手続を経ることで確定するのが原則であるが、そのほかに、会社が引受人となろうとする者との間で、その者が募集株式の総数の引受けを行う契約を締結することで確定させるという方法もある（206条2号）。これを総額引受契約といい、第三者割当ての場合や公募において証券会社が買取引受け（→1(2)(a)(イ)）を行う場合に締結されることがある。総額引受契約による場合には申込み・割当てに関する規定は適用されない（205条1項）。

総額引受契約は、会社の業務執行の決定に関する一般的なルールによって意思決定を行ったうえで、会社の代表者が引受人となろうとする者との間で締結することになる。ただし、募集株式が譲渡制限株式である場合や、公開会社において支配権の変動が生じる場合については、前記(b)(ア)(イ)と同様の例外が定められている（205条2項・206条の2）。

(3) 出資の履行と効力の発生

(a) 現物出資の調査

募集株式の発行等に際して現物出資を行う場合には、募集事項において、どんな財産をいくらの財産として出資しようとしているのかが定められているはずである（→(1)(a)(イ)）。そして、設立の場合と同様に（→第2章Ⅱ1）、その定めが適正なものであるかについて、裁判所が選任する検査役の調査を受けなくてはならないのが原則である（207条）。

検査役調査が不要となる一定の例外があるのも設立の場合と同様であるが、募集株式の発行等については、①引受人に割り当てる株式の総数が発行済株式総数の10％を超えない場合（207条9項1号）と、②募集株式の発行等を行おうとしている会社に対する弁済期が到来した金銭債権をその帳簿価額以下の価額で現物出資する場合（同項5号）が加えられている。②は、財務状態が悪化した会社が、債権者の協力を得て、債権者の債権額を圧縮する見返りとして株式を発行する、いわゆるデット・エクイティ・スワップ（債務の株式化）を行いやすくするために認められた例外である。

(b) 出資の履行と効力の発生

募集株式の引受人は、払込期日に、または、払込期間の期間内に、会社が定めた払込取扱場所（銀行口座など）に払込金額の全額を払い込み、あるいは、会社に対して払込金額の全額に相当する現物出資財産を給付しなければならない（208条1項・2項）。期限内に出資をしなければ、引受人は出資して株主となる権利を自動的に失う（同条5項）。期限内に出資が行われると、払込期日が定められている場合にはその日に、払込期間が定められている場合にはその期間内で各引受人が出資の履行をした日に募集株式の発行等の効力が生じ、引受人は株主となる（209条1項）。

(c) 出資の仮装

引受人が取締役等と通じて、適法な出資があったかのような形を装うことがある。そのような出資の仮装は単なる書類の偽造による場合もあるが、多くの場合、いったんは引受人が自己資金や借入金で実際に払込みを行ったうえで、募集株式の発行等の効力発生後に、何らかの形で不正に会社から払込金相当額を引受人に戻すことにより行われる（「見せ金」と呼ばれる）。出資の仮装が行わ

れると、いわばタダで募集株式の発行等を行ったのに等しくなるため、そのままでは既存株主の利益が害される。さりとて、出資が仮装された募集株式の効力を完全に否定してしまうと、そのような募集株式の譲受人の利益が害される。そこで、会社法は、出資を仮装した引受人等に会社に対する責任を負わせたうえで（→3(4)）、その責任が果たされない間は出資が仮装された募集株式につき株主の権利を行使できないものとしつつ、その善意無重過失の譲受人は権利行使ができるものとしている（209条2項・3項）。

3　違法・不当な募集株式の発行等

　以上のような手続に違反がある、あるいは、違反はないが内容が不当な募集株式の発行等に対して、会社法は、①差止め、②無効の訴え、③不存在、④関係者の責任についての規定を置いている。

(1)　募集株式の発行等の差止め

　違法・不当な募集株式の発行等を株主が事前に差し止められれば、株主が被る不利益を未然に防ぐことができるし、事後的に効力を否定するよりも第三者に与える影響は小さい。そこで、募集株式の発行等が、①法令・定款に違反する場合、または、②著しく不公正な方法により行われる場合において、株主が不利益を受けるおそれがあるときは、株主は会社に対し、それをやめることを請求できるとされている（210条）。裁判外で差止めを求めても会社は普通従わないので、株主は裁判所を頼ることになるが、差止訴訟では判決確定に時間がかかり、その前に募集株式の発行等の効力が生じてしまうため、差止訴訟を本案とする仮処分（民事保全法23条2項に基づく裁判所の暫定的な命令）の申請が行われるのが通常である。

　①法令・定款違反とは、必要な手続を経ていない場合などである。たとえば、公開会社が払込金額は適正として取締役会決議だけで募集株式の発行等を行おうとする場合に、株主が有利発行に当たるとして株主総会特別決議がないという法令違反を理由に差止めを求めるという争いが多くみられる。②の不公正発行とは、不当な目的を達成する手段として募集株式の発行等が利用される場合である。上場会社の株式の買占めが行われている局面で、経営者が自らの

保身のために、自己に好意的な者に対して取締役会限りで第三者割当てによる募集株式の発行等を行う場合が典型である（→**コラム②**）。

コラム② 主要目的ルール

　取締役会限りで行う募集株式の発行等が「著しく不公正な方法」によるものとして差止めの対象となるかを判断する際に、裁判所はいわゆる「主要目的ルール」という考え方をとってきた。これは、募集株式の発行等を行う目的が複数挙げられ、そのうちどれかが唯一の目的であると明確に判断できない場合に（差止めを求める株主は支配権争いへの介入や経営者の保身といった不当な目的があると主張し、会社側は資金調達の必要性を主張することが多い）、何が主要な目的であるかを問題とし、それが資金調達であれば不公正発行には当たらず、支配権争いへの介入等であれば不公正発行に当たるとするものである。このような主要目的ルールの下で差止め（仮処分）の事例が蓄積しているが、次の二つの問題点がある。

　1点目は、主要目的ルールの運用上の問題であり、裁判例では、会社の資金需要を確認しただけで容易に資金調達が主たる目的であるとする傾向がみられた。本来は、その資金需要を満たすために第三者割当てによる募集株式の発行等が選択されたことの合理性や、資金調達目的が主要なものといえる根拠が問題とされるべきところである。しかも、事業を継続して行っている会社が、何らかの資金需要があるということを、裁判所が明確には否定しがたい程度に主張することはそれほど難しいことではない。

　2点目は、主たる目的が支配権争いへの介入であれば、常にそれを不公正発行としてよいかという問題である。株主間の支配権争いに取締役・取締役会は介入すべきでないという考えが従来の主要目的ルールの背後にはあったのだが、たとえば、買収をしかけている者が支配権を握った後に会社の優良資産を独占して自己の利益を図り、会社の経営を無茶苦茶にしてしまうことが確実視されるような状況であれば、いわば緊急避難的に取締役会が第三者割当てによる募集株式の発行等を行ってそれを防ぐことを認めてよいのではないかという考え方が出てきた。裁判例でも、「株主全体の利益の保護という観点から〔募集株式の発行等を〕正当化する特段の事情がある場合には、例外的に、経営支配権の維持・確保を主要目的とする発行も不公正発行に該当しないと解すべきである」としたものがある（東京高決平成17・3・23判時1899号56頁〔ただし、

新株予約権の発行の事例〕)。

⑵　募集株式の発行等の無効の訴え

⒜　制度の概要

　募集株式の発行等の効力が発生すると、それを前提として多くの法律関係が形成される。そのため、手続などの瑕疵によって簡単に募集株式の発行等の効力が否定されると、それらの法律関係の安定性が損なわれてしまう。また、効力についての争いは最終的には裁判所で決着をつけるしかないが、一般に裁判所による決着の効果は裁判に関わった人たちの間でしか効力をもたないので、そのままでは、Ａとの関係では募集株式は有効、Ｂとの関係では無効、Ｃとの関係では効力は未確定といった状態となり、収拾がつかなくなる（画一的処理の必要性）。

　そこで、募集株式の発行等の無効は、一定の期間（提訴期間）内に、一定の人（提訴権者）だけが提起することができる株式発行の無効の訴え・自己株式処分の無効の訴えをもってのみ主張できるものとされ（828条1項柱書・2号・3号）、そこで無効とする判決が確定すると、その判決の効力は訴訟外の第三者に対しても効力を有するとされている（対世効〔838条〕）。提訴期間は、公開会社では効力発生日から6ヶ月以内、非公開会社では1年以内である（828条1項2号・3号）。提訴権者は、株主・取締役・執行役・監査役・清算人であり（同条2項2号・3号）、被告となるのは会社である（834条2号・3号）。

　また、以上のような仕組みによっても、事後的に効力がひっくり返ることの影響はやはり大きくなる可能性がある。そこで、無効判決が確定しても、募集株式の発行等は遡って無効にはならず、将来に向かってその効力を失うものとされている（将来効〔839条〕）。これにより、無効判決の確定前に行われた募集株式についての議決権行使や配当金の支払の効力は否定されない。また、無効とされた募集株式については、判決確定時の株主を対象として払戻しが行われる（840条・841条）。

　さらに、募集株式の発行等の無効をもたらす原因（無効事由）は、事後的に無効となることの影響に鑑み、次にみるように（特に公開会社については）一定の重大性のある瑕疵に限られるとする解釈がとられている。

(b) 無効事由

(ア) 公開会社の場合

　株式を自由に譲渡できる公開会社では、事後的な無効の影響が大きいため、無効事由はかなり限定的に解されている。判例の立場をまとめていえば、問題のある募集株式の発行等に対してはできるだけ事前の差止め（の仮処分）の段階で対応せよ、というものである。具体的には、手続上の瑕疵は基本的には無効事由とはならず、代表者が行っている以上は、適法な取締役会決議を経ていなくても（最判昭和36・3・31民集15巻3号645頁）、有利発行のための株主総会特別決議がなくても（最判昭和46・7・16判時641号97頁）無効とはならない。また、募集株式の発行等が著しく不公正な方法によるものであっても、やはり無効事由とはされない（最判平成6・7・14判時1512号178頁）。これらに対して、株主割当てによらない場合の募集事項の通知・公告（→2(1)(c)）を欠く場合には、株主が募集株式の発行等について知る機会がなく、したがって差止めの機会もないということになるため、通知・公告がないことは原則として無効事由となるとされている（最判平成9・1・28民集51巻1号71頁）。また、差止めによる対応を実効的なものとするために、すでに差止めの仮処分命令が出ていたにもかかわらず、それを無視して強行された募集株式の発行等にも無効事由があるとされている（最判平成5・12・16民集47巻10号5423頁）。

　以上のような判例の立場は、上場会社のような会社を念頭に置くとそれなりに合点がいくものではある。ただ、公開会社には実質的には閉鎖的な会社もたくさんあり、そのような会社では募集株式は当初の引受人やその仲間の手もとにとどまっていることも多いため、もう少し柔軟に無効事由を考えるべきという批判も少なくない。たとえば、著しく不公正な方法による募集株式の発行等についても、株主の状況や募集株式の所在等によっては無効事由があるとしてよいと主張されている。これに対して判例（前掲最判平成5・12・16）は、株式取引の安全だけではなく、会社と取引関係に立つ第三者の利害も含めて考えるべきだとして、そのような考え方を明確に否定している。

(イ) 非公開会社の場合

　非公開会社では株式を自由には譲渡できないため、公開会社と比べて無効事由は広く解してもよさそうである。また、原則として募集株式の発行等には株

主総会特別決議が必要で、無効の訴えの提訴期間も1年間（公開会社は6ヶ月）とされているが、これは、株主の持株比率の保護を重視して手続を厳重にするとともに、株主が知らない間に募集株式の発行等の効力を争えなくなることをできるだけ防ごうとしたものである。したがって、非公開会社では、少なくとも株主割当てによらない募集株式の発行等が、株主総会特別決議を欠いたまま行われた場合には、無効事由があると解すべきである（最判平成24・4・24民集66巻6号2908頁）。さらに、公開会社における判例の立場に批判的な立場からは、非公開会社における著しく不公正な方法による募集株式の発行等については、より一層、無効事由があると考えるべきだということになりそうである。

(3) 募集株式の発行等の不存在

(2)でみたように、何らかの瑕疵のある募集株式の発行等も、無効の訴えが提起されて無効判決が確定しない限り、とりあえず有効なものとして扱われる。しかし、極端な話、必要な手続が一切とられず、払込みもなされていないが、偽造の書類などにより新株発行の登記（資本金の増額や発行済株式数の増加の登記）がなされているような場合には、そもそも、とりあえず有効なものとして取り扱うべき実体すらないといえる。そのような、何らかの募集株式の発行等の外観があっても、到底それが行われたとは評価できないような場合を指して、募集株式の発行等の「不存在」という。

募集株式の発行等の不存在は「ない」という事実なので、必要があれば、誰から誰に対しても、いつまでも、どんな形でも主張できる。「どんな形でも」というのは、たとえば、ほかの訴訟における前提問題としても主張できるということである（たとえば、株主総会決議の取消訴訟において、「あいつに対する募集株式の発行等は不存在なので、あいつの議決権行使は違法だ、だから決議取消原因がある」という具合に。第4章Ⅱ6(2)(a)参照）。以上のことについては会社法が特に何かを規定する必要はなく、実際、何も規定はされていないが、ただ、会社法は、募集株式の発行等が不存在であることの確認を求める訴えについてのみ規定を置いている（829条1号・2号）。これは、会社を被告とする（834条13号・14号）不存在の確認の訴えに対世効（838条）を認めるためのものである。募集株式の発行等の外観があることから生じる諸問題を根本的に解決するためには、その募

集株式の発行等が不存在であることを確認訴訟で確定させておくことが適切な問題解決方法となるところ、対世効なく訴訟の当事者だけで確定させても根本的な解決とはなりにくいからである。不存在の確認の訴えは、理屈のうえでは確認の利益が認められる限り誰でも提起することができるが、実際にはそれは株主や役員に限られよう。

　では、どのような場合に募集株式の発行等は不存在と考えるべきであろうか。「ない」というのは事実の問題であっても、どのような状況であれば「ない」としてよいかは評価の問題であり、無効の話か不存在の話かの境界は実はかなり曖昧である。一般的には、会社の代表者が手続を進めているか、何らかの払込みがなされているかという点を重視し、それらを欠くような場合に不存在と評価する見解が多い。さらに、学説には、無効の訴えと不存在の連続性を意識し、提訴期間内の無効の訴えの提起が不当に妨げられていたといった事情（不公正発行が被害者となる株主に巧妙に秘匿されていた場合など）があり、かつ、当該募集株式の発行等にかかる株式が引受人のもとにとどまっているなど、不存在としても影響が小さいような場合についても、不存在としてよいとする見解もある。

(4)　関係者の責任

　会社法は、株主等に経済的な不利益が発生する一定の募集株式の発行等について関係者の民事責任を特別に規定し、損害の回復とそのような募集株式の発行等の抑止を図っている。まず、①取締役等と通謀して著しく不公正な払込金額で募集株式を引き受けた者（通謀引受人）は、会社に対し、その払込金額と募集株式の公正な価額との差額を支払う義務を負う（212条1項1号）。この責任は株主代表訴訟の対象になる（847条1項参照）。その場合の取締役等の責任は特に規定されていないが、それは任務懈怠が認められる取締役等には423条1項ないし429条1項の責任が認められるからである（→コラム③）。

　また、②現物出資財産の実際の価額が募集事項として定められた価額に著しく不足する場合には、引受人、関与した取締役等、検査役調査に代わる証明を行った専門家は、会社に対し連帯して、その不足額を支払う義務を負う（212条1項2号・213条1項・3項本文・4項）。現物出資財産の実価が不足すれば不当

に低い払込金額で募集株式を発行したのと同じことになるからであるが、現物出資財産の事後的な値下がりなどで実価不足となったような場合に引受人に追加的な支払を強制するのは酷なので、実価不足につき善意で重過失のない引受人には引受けの取消しという選択肢も認められている（212条2項）。また、取締役等も、検査役調査を経ていた場合や、自己の無過失を証明した場合には責任を免れる（213条2項）。証明を行った専門家も無過失の立証により免責される（同条3項ただし書）。

　最後に、③出資の仮装が行われた場合には、引受人は、会社に対し、払込みを仮装した払込金額の支払や給付を仮装した現物出資財産の給付（会社の選択により金銭の支払）の義務を負い、出資の仮装に関与した取締役等も、自己の無過失を立証しない限り、仮装された額を支払う義務を負う（213条の2第1項・213条の3第1項）。これらの責任が履行されないうちは、引受人は募集株式について株主として権利行使することができない（→2(3)(c)）。

コラム③　有利発行に関する取締役の責任

　必要な手続を経ずに有利発行が行われた場合、任務懈怠が認められる取締役等は責任を問われることになるが、それが423条1項の会社に対する責任の問題になるのか、429条1項の第三者（この場合は既存株主）に対する責任の問題になるのかについては、微妙な問題がある。

　本文1(2)(a)(イ)の例のように、元々、P社の1株の価値は20で、その発行済株式10株のうち、Aが4株、Bが4株、Cが2株保有している状況で、Dに対して払込金額を5として5株を発行したとすると、1株の価値は15に下がり、Aが20、Bが20、Cが10の損害を被り、Dがその分50の利益を得ることになる。ここで、P社に損害が発生しているかを考えてみると、①P社は25の出資を受け入れただけで、特に損害を被っているわけではないともいえそうだし、②5株発行するのであれば本当は100（20×5）の出資を受けることができたはずなので、その状態との差額75がP社の損害であるともいえそうである。①だとすると、A・B・Cが各人で自身の損害額につきP社取締役の対第三者責任を追及することになる。②だとすると、P社取締役がP社に対して75の責任を負うことになる（これは株主代表訴訟によって追及できる）。

　いずれであるかは状況により、25の資金調達が目的の場合には①で、公正な

価格で5株を発行すべき場合には②だともいえそうだが、いずれかはっきりしない場合も多いため、場合分けせずにどちらの請求も認めてよいとする見解もある。

II　新株予約権

1　はじめに

(1)　新株予約権の意義

(a)　新株予約権とは

新株予約権とは、あらかじめ定められた条件に従って、その権利者（新株予約権者）が一定の時期に一定の金額を払い込んで権利を行使したときに、会社からあらかじめ定められていた数の株式の交付を受けることができる権利である（2条21号）。新株予約権が行使されると、会社は新株か自己株式を交付しなければならなくなるので、新株発行や自己株式の処分に関する規制との関係から、会社は新株予約権のような権利を自由に設定することはできず、会社法の規定に従って発行する必要がある。

(b)　新株予約権の価値

新株予約権には新株予約権としての価値がある。たとえば、Aが、1年後に100円を払えば1株の交付を受けられる新株予約権を有しているとしよう。もし1年後に株価が100円より高くなっていれば、Aはこの新株予約権を権利行使し、100円を払って100円を超える価値のある株式を手に入れることができる。逆に、1年後の株価が100円を下回っていれば、Aが権利行使することは通常ない（したがって、その時点での新株予約権は無価値である）。現時点では1年後の株価は分からないが、このように、うまくいけば1年後に差額分の利益が得られ、最悪でも単にゼロになるだけという権利がタダのはずがなく、この新株予約権には現時点でも何らかの価値があるはずである。

それがいくらであるかは「数理ファイナンス」などと呼ばれる分野で扱われる問題である。そこでは様々な数学的なモデルが使われるが、いずれにしても正確に測定・評価することが難しい要素が入ってきてしまうため、新株予約権の経済的価値を一義的に算出することは、実際にはほぼ不可能である。結局、

いくらで新株予約権を発行すべきかといった形で新株予約権の価値が問題となる場合には、一定の幅の中でその算出根拠の合理性を検討するほかない。

(c) 新株予約権の利用例

では、会社はどのような目的で新株予約権を発行するのだろうか。まず、資金調達目的で、新株予約権付社債（→Ⅲ1(2)(c)）という金融商品の一部として発行されたり、ライツ・オファリング（→3）という資金調達方法に用いられたりしている。また、ストック・オプション（→第4章Ⅲ1(3)）という役員等のインセンティブ報酬の一種として用いられることも多い。さらに、事業提携の手段として株式を保有してもらいたい提携先に新株予約権を発行しておけば、提携先は提携の効果を見極めながら段階的に権利行使して出資比率を高めていくといったことも可能になる。

近時は、敵対的な企業買収に対する対抗策として新株予約権の発行が行われることも多いが（募集株式の発行等と比べてとりあえず必要なお金が少なくて済むので）、募集株式の発行等の場合と同様、それを適法に行うことができる場合は限られている（→4(1)(a)）。

(2) 新株予約権の内容

会社は、新株予約権を発行する場合には、新株予約権の内容として、236条1項に列挙された事項について定めなければならない。その主なものをみておくと、まず、新株予約権の目的である株式の数またはその算定方法（1号）とは、1個の新株予約権の行使によって何株の交付を受けることができるかということである。新株予約権の行使に際して出資される財産の価額またはその算定方法（2号）とは、新株予約権の行使時に権利者は会社にいくら払い込まなければならないかということで、これを新株予約権の権利行使価格という。新株予約権を行使することができる期間（4号）は権利行使期間と呼ばれる。以上は、いつ、どれだけ払ってどれだけの株式を手に入れられるかという、新株予約権の基本的な内容に関わるものである。

そのほか、たとえば、新株予約権には譲渡制限条項（6号）や取得条項（7号）を付すこともできる。また、新株予約権についての証券の有無は、新株予約権の内容として新株予約権ごとに決めることとされている（10号）。

(3) 新株予約権の譲渡

(a) 新株予約権原簿と証券発行新株予約権

新株予約権を発行した会社は、新株予約権原簿を作成し、新株予約権に関する一定の事項を記載・記録しなければならない（249条）。これは株式についての株主名簿のようなものであり（もっとも、下記の無記名式の場合の機能は相当に異なる）、株主名簿によく似た規定が置かれている（250条〜253条）。

新株予約権に係る証券を発行する旨を定められた新株予約権を証券発行新株予約権という（249条3号ニ）。証券発行新株予約権には、新株予約権原簿に新株予約権者の氏名等に関する情報が記載・記録される「記名式」のもの（同号参照）と、それが記載・記録されない「無記名式」のもの（同条1号参照）がある。無記名式では、誰が現時点の新株予約権者であるかが会社には原則として分からない（わざわざこんな仕組みを用意したのは、無記名社債〔→Ⅲ1(2)(a)〕を新株予約権付社債にできるようにするためである）。

(b) 譲渡の方法

新株予約権証券が発行されない新株予約権の譲渡（振替新株予約権を除く）のルールは、株券が発行されない株式（振替株式を除く）の譲渡のルール（→第3章Ⅱ2(1)）と同じであり（257条1項）、記名式の証券発行新株予約権の譲渡のルールは、株券発行会社における株式の譲渡のルール（→第3章Ⅱ3(2)(a)）と同じである（255条・257条2項）。

無記名式の証券発行新株予約権については、新株予約権証券の交付が譲渡の効力要件、証券の継続占有が会社その他第三者に対する対抗要件となっている（255条・257条3項）。

新株予約権も振替制度（→第3章Ⅱ4）の対象とすることができ、振替株式と同様のルールの下にある（社債、株式等の振替に関する法律163条以下参照）。

なお、譲渡制限新株予約権については、譲渡承認手続が定められている（262条以下）。

(c) 自己新株予約権

会社は、取引を通じて自己の新株予約権を取得できる。自己株式の取得（→第6章Ⅱ3）とは異なり、株主間の平等の問題は生じないため、特別の手続規制はない。また、分配可能額による財源規制（→第6章Ⅱ1(2)）は株主に対する

分配以外の取引による会社財産の流出を規制するものではなく、自己の新株予約権の取得には財源規制もない。

　会社は、取得した自己の新株予約権が権利行使不能で消滅するか（287条参照）、消却（276条）・処分（下記）されるまではそのまま保有しておくことができる。会社が保有する自己の新株予約権を自己新株予約権という（255条1項）。会社は自己新株予約権を行使することはできない（280条6項）。

　会社は、自己新株予約権を再び第三者に譲渡すること（処分）もできる。その手続については特に規定がないが、株主からみると新たに新株予約権を発行する場合と異なるところはないので、立法論としては疑問がある（自己株式の処分も含む「募集株式の発行等」とは異なり、2でみる「募集新株予約権の発行」には自己新株予約権の処分は含まれない）。

(4) 新株予約権の行使

　新株予約権の行使は、権利行使期間内に、行使に係る新株予約権の内容および数、新株予約権を行使する日を明らかにしてしなければならない（280条1項）。そして、新株予約権者は、その権利を行使する日に、会社が定めた払込取扱金融機関に対し、権利行使価格の全額を払い込まなければならない（281条1項）。払込みを行えば、新株予約権者は、権利を行使した日に、その新株予約権の目的である株式の株主となる（282条）。

2　募集新株予約権の発行

(1) 募集新株予約権の発行とは

　新株予約権は様々な方法で発行されるが（3でみる新株予約権無償割当てなど）、最も主要なものは、238条以下に定められた、会社が新株予約権を引き受ける者の募集（その意味について、I 1(1)参照）を行い、申込みを受け、割当てを行うという手続で新たに新株予約権を発行するという方法である。これを募集新株予約権の発行という。いくつかの重要な違いはあるが、募集新株予約権の発行の手続は募集株式の発行等の手続におおよそ準じる。

⑵　募集新株予約権の発行の手続

(a)　募集事項等の決定

(ア)　募集事項

募集新株予約権を発行するには、まず、一定の機関が、238条1項に列挙された募集事項を定めなければならない。募集事項は、①募集新株予約権の内容（→1⑵）および数、②募集新株予約権と引換えに金銭の払込みを要しないこととする場合には、その旨、③②以外の場合には、募集新株予約権の払込金額またはその算定方法、④募集新株予約権を割り当てる日（→(b)(ア)）、⑤募集新株予約権と引換えにする金銭の払込みの期日などである（238条1項）。③の払込金額や⑤の払込期日というのは、募集新株予約権について新株予約権者になるために必要な払込みの金額や期日のことであり、新株予約権を行使する際の権利行使価格や権利行使期間（これらは①の募集新株予約権の内容として定められる）と混同しないようにしてほしい。

(イ)　募集事項等の決定機関

募集事項（および株主割当てに関する事項）を決定すべき機関に関するルール（238条2項～5項・239条～241条）は、募集株式の発行等の場合（→Ⅰ2⑴(b)）とほぼ同じである。有利発行規制もあり、(ア)の③の払込金額が募集新株予約権を引き受ける者にとって特に有利な金額であるか否かは、新株予約権の価値（→1⑴(b)）との比較によって判断される。

募集新株予約権については、(ア)の②の、金銭の払込みを要しない旨の定めがある場合に、そのことが募集新株予約権を引き受ける者にとって特に有利な条件であるときにも、同様の有利発行規制の対象となるとされている（238条3項1号）。逆にいえば、払込みを要しないとして、つまりタダで募集新株予約権の発行を行っても、条件によっては有利発行に当たらない場合があるということである。これは、募集新株予約権の発行を伴うスキーム全体が引受人にとって特に有利とはいえない場合に、便宜上、新株予約権に対する払込みはないものとして扱うニーズを想定したものである。たとえば、社債と新株予約権が一体となった新株予約権付社債（→Ⅲ1⑵(c)）について、便宜上、新株予約権部分の価値をゼロとしつつ、そのような一体的な金融商品として評価するという処理が行われることがある。一体的な金融商品としての評価が適切なものであ

り、それに見合う対価が会社に入ってきているのであれば、たとえ便宜上、募集新株予約権に対する払込みがないものとして処理されても、募集新株予約権を引き受ける者にとって特に有利な条件であるとはいえない。

(b) 申込み・割当て・払込み

(ア) 申込み・割当て

募集新株予約権の申込み・割当てに関するルール（242条～244条の2）も、募集株式の発行等の申込み・割当てに関するルール（→Ⅰ2(2)）とほぼ同じである。

ただし、大きく異なる点として、募集株式の発行等では引受人が出資を履行して初めて株主となるのに対し、募集新株予約権の発行では、割当てを受けた者もしくは総数引受契約を締結した者は募集事項として定められた割当日に新株予約権者となるとされている（245条1項）。

(イ) 募集新株予約権に係る払込み

募集新株予約権の払込金額が定められている場合には、新株予約権者は、新株予約権の内容として定められた権利行使期間の初日の前日、あるいは、募集事項として別途定められた払込みの期日までに、払込取扱金融機関に対し、払込金額の全額を払い込まなければならない（246条1項）。

(ア)で述べたように、募集新株予約権は割当日に成立するが、期日までに払込みがない場合には新株予約権者は新株予約権を行使することはできず（同条3項）、行使できなくなった新株予約権は消滅する（287条）。このように成立と払込みを分離するややこしい仕組みとされたのは、ストック・オプション（→第4章Ⅲ1(3)）の付与時に新株予約権として成立させ、情報開示の対象としながら（施行規則119条・123条参照）、一定の職務執行が終了する時期までは払込みをしていないとする処理を可能にするためである。

3　新株予約権無償割当て

会社は、株主に対して、新たに払込みをさせずに新株予約権の割当てをすることができる（277条）。これを新株予約権無償割当てという。

株主割当てによる募集株式の発行等では、株主は募集株式の割当てを受ける権利を譲渡することができないため、株主割当てに応じられない株主が不利益

を被るとか、株主が事実上、出資を強制されるといった問題があった（→Ⅰ1(2)(a)(ア)）。もし株主が割当てを受ける権利を、割当てを受けたいと考えている人に譲渡できるのであれば、譲渡の対価を得ることで経済的不利益を緩和できるし、事実上の出資の強制という問題もより小さくなる。そこで、それと実質的に同じことができるようにするために、株主にその保有株式数に応じて新株予約権を無償で交付できるようにしたのがこの制度の趣旨である。株主は割当てを受けた新株予約権を行使することで株式の発行を受けたり、譲渡することで不利益を回避したりすることができる。以上のような、新株予約権無償割当ての制度を利用した実質的な募集株式の発行等は「ライツ・オファリング」と呼ばれる。

新株予約権無償割当ての手続（278条・279条）は、株式無償割当ての手続（→第3章Ⅲ1(3)(b)）とほぼ同じである。

4　違法・不当な発行などに対する救済

(1)　新株予約権の発行の差止め

(a)　募集新株予約権の発行の差止め

募集新株予約権の発行については、募集株式の発行等の差止め（→Ⅰ3(1)）と同様の差止規定がある（247条）。

著しく不公正な方法により行われる場合（同条2号）の例として、会社の支配権をめぐる株主間の争いがあるときに取締役会が一方の株主に対して新株予約権を発行しようとしたところ、募集株式の発行等の差止めの場合と同様の判断枠組み（いわゆる主要目的ルール〔→コラム②〕）の下で差止めの仮処分を認めた決定例（東京高決平成17・3・23判時1899号56頁）がある。会社の支配権争いがある場面では、募集新株予約権の発行は募集株式の発行等と同じような意味を有するので、同様の判断枠組みの下で判断がなされるわけである。

(b)　新株予約権無償割当ての差止め

新株予約権無償割当てについては、通常は株主を害することがないという理由で差止めの規定が置かれていない。しかし、たとえば必要な手続を経ない場合や、新株予約権に一部の株主は行使できないといった差別的な条件が付されている場合など、株主を害しうる無償割当てが行われる可能性もある。そのよ

うな場合については、募集新株予約権の発行の差止めの規定の類推適用による差止めの可能性を認めるのが裁判例である（東京高決平成19・7・9金判1271号17頁など）。

(2) 新株予約権の発行の無効の訴え・不存在の確認の訴え

新株予約権の発行については、新株発行の無効の訴え（→Ⅰ3(2)）と同様の無効の訴えが規定されている（828条1項4号）。募集新株予約権の発行のみならず、新株予約権無償割当てもこの訴えの対象となる。無効事由については、新株発行の無効事由とほぼ同様に考えてよいだろう。

また、新株発行の不存在の確認の訴え（→Ⅰ3(3)）と同様に、新株予約権の発行の不存在の確認の訴えも規定されている（829条3号）。

(3) 新株予約権の行使による株式の発行等の差止めと効力

適法に発行された新株予約権の適法な行使により、結果的に、その時点だけで考えれば株式の有利発行のようになって既存株主が損をすることになっても、それは新株予約権という制度自体の性質によるものであり、仕方がない。しかし、たとえば無効事由のある新株予約権が無効の訴えの提訴期間内に行使される場合や、権利行使条件の違反により新株予約権の行使自体が違法と認められる場合もある。そのような場合には、株主としては、新株予約権の行使に基づく株式の発行等の差止めを求めたり、あるいは、発行されてしまった株式の効力を争ったりすることができないと困る。そこで、それらの場合については、新株予約権の行使による株式の交付についても募集株式の発行等の差止めの規定（210条）の類推適用を認めて差止めの対象とし、また、すでに交付されてしまっている株式についても、新株発行および自己株式処分の無効の訴えに関する規定（828条1項2号・3号）を適用して無効の訴えを認める見解が多い。

(4) 関係者の民事責任

取締役等との通謀により著しく不公正な払込金額で引受けがなされた新株予約権が行使された場合や、新株予約権の権利行使の際の払込みに仮装の払込みがあった場合の関係者の民事責任につき、募集株式の発行等の場合（→Ⅰ3(4)）

と同様の規定がある（285条〜286条の３）。

Ⅲ　社　債

1　社債の意義・分類

(1)　社債とは

　社債は借入れ（デット）による資金調達の一種であるが、社債とは何かを真面目に考えると実は大変難しい。会社法は、会社法の「規定により会社が行う割当てにより発生する当該会社を債務者とする金銭債権であって、第676条各号に掲げる事項についての定めに従い償還されるものをいう」と定義している（2条23号）。この定義によると、結局、会社が「ああ、これは社債だ」と考え、会社法の定める一定の手続に従ってお金を借り、会社法の規定に沿ってあらかじめ定められた条件に従って返済することにすれば、その場合の会社の債務が社債だということになる。

　そうすると、極端な話、たとえば銀行からお金を借りる際に、銀行に1個の社債を発行して借りることにしてもいいわけである。ただ、一般に社債発行の典型的なケースとして想定されているのは、会社が比較的少額の債券を多くの人に発行して行う資金調達である。そのような場合でも、会社法上の社債を発行するという形をとることが法律上強制されるわけではないが、会社法上の社債に関する諸規定が適用されるものとして発行することで、何やら得体の知れないものを発行する場合よりも多少なりとも安心して買ってもらえる（お金を貸してもらえる）というメリットがある。

(2)　社債の分類

　社債には色々なものがあるが、適用される法律との関係では、以下の分類について知っておいた方がよい。

(a)　記名社債・無記名社債

　記名社債とは、社債原簿（681条〜685条）に社債権者の氏名・名称および住所が記載・記録される社債であり、無記名社債とは、そのような記載等がなさ

れず、その代わり、必ずその社債についての証券（社債券）が発行される社債
である（681条4号参照）。記名社債については、会社は社債原簿を通じて誰を
社債権者として扱ってよいかを把握できるが、無記名社債については、社債券
を有する者がそれを呈示して権利行使をしてくるまで、会社は誰が社債権者で
あるかは原則として分からない。

（b）　振替社債

社債も振替制度（株式について→第3章Ⅱ4）の対象としてペーパーレスの決
済の仕組みに乗せることができる。振替制度の対象とされた社債を振替社債と
いい、会社法の特則が定められている（振替66条以下）。

（c）　新株予約権付社債

新株予約権付社債とは、新株予約権と社債をあわせた金融商品である。会社
法は、新株予約権付社債の新株予約権部分と社債部分とを分離して譲渡や質入
れの対象とすることができないとし、そのようなものだけを新株予約権付社債
としているが（2条22号・254条2項・3項・267条2項・3項）、広い意味では、新
株予約権部分と社債部分を分離できるもの（たまたま同じ人に新株予約権と社債が
発行されたものと整理される）も新株予約権付社債と呼ばれる。いずれにしても、
新株予約権部分については新株予約権に関するルールが、社債部分については
社債に関するルールが適用される。ただし、会社法は、会社法上の新株予約権
付社債について、その分離できない性質から必要になる調整規定などをところ
どころに置いている。

新株予約権付社債は、さらに、ワラント債型と転換社債型に分類できる。ワ
ラント債とは、株式を買う権利（ワラント）がくっついた社債という意味で、
特に工夫しなければ新株予約権付社債はワラント債型になる。ワラント債型の
新株予約権付社債の権利者が、新株予約権を行使して株式を手に入れても、社
債部分は残る。これに対して転換社債とは、権利者の選択により株式に転換で
きる社債であり、転換してしまえば社債はなくなってしまう。会社法上、これ
は、新株予約権部分の権利行使に際して、権利行使価額の払込みに代えて、社
債部分（会社に対する金銭債権）の現物出資が行われる旨が定められた新株予約
権付社債として構成される（権利行使により株式が交付され、社債部分は混同〔民法
520条〕により消滅することになる）。

(d) 担保付社債

　会社が所有する土地などに社債権者のために担保を設定できれば、その分、信用度の高い社債とすることができる。ただ、大勢の社債権者のために担保を設定するのは難しいので、担保付社債信託法の下で信託の仕組みを利用して社債に担保が付されることがある。

2　募集社債の発行

　社債は組織再編などの対価として交付される可能性もあるが、676条以下の規定に従い、募集・申込み・割当てという手続を経て発行されるのが通常である。

　会社は、その発行する社債を引き受ける者の募集（その意味について、Ⅰ1(1)参照）をしようとするときは、その都度、社債の内容や社債に対する払込みの金額・時期・方法など、676条に列挙された事項について定めなければならない（同条）。取締役会設置会社では、そのうち一定事項については取締役会で決定しなければならない（362条4項5号、施行規則99条）（ただし、監査等委員会設置会社・指名委員会等設置会社では取締役会の決議により取締役・執行役に決定を委任できる場合がある〔399条の13第5項・6項・416条4項参照〕）。

　募集事項の決定後は、申込みをしようとする者に対する通知がなされ、それを受けて申込みがなされ、それに対して割当てがなされるという手続になるか（677条・678条）、募集社債の総額を引き受けようとする者との間でいきなり総額引受契約を結ぶか（679条）になる。割当てがなされたり契約が締結されたりすると、それだけで相手方は社債権者になってしまうが（680条）、もちろん、会社としてはきちんと払込みがなされるように工夫をする（申込みの際に払込金額相当の申込証拠金を要求するなど）。

3　社債の譲渡と消滅

　社債の譲渡については、記名式・無記名式、証券（社債券）の有無、振替社債か否かに応じて新株予約権の譲渡（→Ⅱ1(3)(a)）と同様のルールが規定されている（687条・688条、振替66条以下）。

　社債は、定められた条件に従い、会社が元利金を支払うこと（借りたお金を

返すこと）によって消滅する。これを社債の償還という。また、株式の場合とは異なり、会社は、いつでも、自己が発行した社債を市場などで買い入れて混同（民法520条）により消滅させることもできる。これを社債の買入消却という。

4　社債管理者・社債管理補助者と社債権者集会

社債権者はあくまで債権者である。通常、債権者は、債務者が法的な倒産処理手続に入る前はそれぞれの債権の内容に応じて各自で権利行使することができるし、そうすることが期待されている。債務者の信用に不安が生じれば、融資を引き上げたり、追担保をとったり、保証を要求したり、財務内容の報告を求めたりといった対処をすることになる。

しかし、想定されている典型としては、社債は小口の債券を大勢の人に発行するものである。一つの銀行（A）が会社に1億円貸している状態と、同じ1億円でも1口10万円の社債が1000人（B_1〜B_{1000}）に保有されている状態とを比較すれば分かるように、B_1〜B_{1000}がそれぞれバラバラに債権者として行動することにすると、Aであればとるであろう債権保全措置がとられなかったり（各社債権者レベルでは費用倒れになるので）、逆に、Aだったら最終的な回収可能性などを考慮して支払期限の延期を認めるような場合でも延期を認めなかったり（ほかの人が延期を認めなければ、結局会社は潰れて、自分だけがとりっぱぐれることになるので）といった問題が生じてしまう。そこで、会社法は、社債管理者・社債管理補助者と社債権者集会という仕組みを用意し、B_1〜B_{1000}がある程度まとまってAのように行動するようにしている。

(1)　社債管理者・社債管理補助者

(a)　社債管理者の設置強制

社債を発行する会社は、一定の例外に当たる場合を除き、社債管理者を定め、社債権者のために、弁済の受領、債権の保全その他の社債の管理を行うことを委託しなければならない（702条本文）。社債管理者になることができる者は、銀行、信託会社などに限られる（703条）。

社債管理者を置かなくてよいのは、①各社債の金額が1億円以上の場合と、

②社債の総額を各社債の金額の最低額で除して得た数が50未満の場合（施行規則169条）である。①は、これだけ金額が大きければ社債権者は必要に応じて自衛するだろう、②は、これくらいの人数ならお互い協力できるだろうということで認められた例外である。

(b) 社債管理補助者

社債を発行する会社は、社債管理者の設置が強制されない場合でも、社債管理補助者を定め、社債権者のために、社債の管理の補助を行うことを委託することができる。社債管理補助者には、社債管理者の資格者のほか、弁護士や弁護士法人もなることができる。

社債権者のために社債の管理に関する一定の事務を行う者を置いた方がより高く社債を評価してもらえることもあるため、法で強制されなくても社債の発行会社がそのような者の設置を望むことがある。それは自由な契約によって置くこともできるが、最低限の権限と義務が定められた法律上の制度を用意しておいて、それを適宜修正しながら利用できるようにしておいた方が便利なため、このような制度が設けられている。

(c) 社債管理者・社債管理補助者の権限

㋐ 社債管理者の権限

社債管理者は、社債権者のために、社債に係る債権の弁済を受け、または社債に係る債権の実現を保全するために必要な一切の裁判上・裁判外の行為をする権限を有する（705条1項）。一方、①その社債の全部についてする債務免除、支払猶予、債務不履行責任の免除または和解、②その社債の全部についてする訴訟行為または法的倒産処理手続に属する行為（支払受領および債権保全に必要な行為を除く）については、社債権者集会の決議がなければすることができない（706条1項。ただし、②については社債管理者限りで可能とすることもできる〔676条8号〕）。以上のために必要がある場合には、社債管理者は、裁判所の許可を得て発行会社の業務・財産状況の調査をすることができる（705条4項・706条4項）。

また、社債管理委託契約により、社債管理者の権限が追加的に定められることも多い。たとえば、通常、社債契約では、発行会社が「財務上の特約」条項（こういう配当をしちゃダメとか、こういう投資をしちゃダメとかいう条項）に違反し

た場合には期限の利益を失う旨を定めてあるが、その期限の利益の喪失を宣言する権限が社債管理者に与えられていることが多い。

  (イ)　社債管理補助者の権限

　社債管理補助者は、社債権者のために、最低限、会社の破産手続等への参加、会社財産に対する強制執行等の手続における配当要求、会社の清算手続における債権の申出をする権限を有する。さらに、社債管理委託契約により、適宜、社債管理者に認められるような権限を有するように定めることもできる。ただし、社債管理者の場合よりも広い範囲の行為について、社債権者集会の決議がなければすることができないとされている。裁量の余地が限定されているとはいえない行為については、社債管理補助者の判断では行えないようにするためである。

  (d)　社債管理者・社債管理補助者の義務および責任

　社債管理者・社債管理補助者は、社債権者のために、公平かつ誠実に、さらに、善良なる管理者の注意をもって社債の管理を行わなければならない（704条）。社債管理者・社債管理補助者がこれらの義務を含む会社法の規定や社債権者集会の決議に違反する行為をしたときは、社債権者に対して損害賠償責任を負う（710条1項）。

　さらに、社債管理者については、社債管理者と社債権者の利益が相反する一定の場合（社債管理者が自己の債権の回収を優先させたような場合）について、より厳格な責任が課せられている（710条2項）。発行会社とまったくお付き合いがないところが社債管理者となることは実際には稀で（取引銀行が社債管理者となっていることが多い）、発行会社の支払能力に問題が生じる局面では、社債管理者の発行会社に対する一債権者としての立場が深刻な利益相反状況を生じさせることに鑑みた規定である。

  (2)　社債権者集会

　社債権者集会とは、社債の種類ごとに組織され（715条）、社債契約の内容変更など、社債権者の利害に重大な関係のある事項について、社債権者の総意を多数決で決定する臨時的な合議体である。

(a) 社債権者集会の権限

社債権者集会は、会社法に規定する事項、および、社債権者の利害に関する事項について決議することができる（716条）。法定決議事項としては、①債務の免除・支払の猶予・発行会社の債務不履行責任の免除・和解・訴訟行為など、② ①を社債管理者が行うことの承認（706条1項）、③代表社債権者の選任・解任（736条1項・738条）、④決議執行者の選任（737条1項ただし書・738条）、⑤元利金支払遅延の場合の期限の利益喪失宣言の承認（739条）、⑥資本減少、組織再編行為等における債権者異議手続中の異議申述（740条1項）、⑦社債管理者の辞任に対する同意・解任請求決議（711条1項・713条）などが規定されている。

(b) 社債権者集会の手続など

社債権者集会は、必要がある場合にはいつでも招集することができ（717条1項）、招集権者は発行会社および社債管理者である（717条）。一定の場合には、社債管理補助者も招集することができる。未償還社債総額の10％以上を有する社債権者には招集請求権が認められている（718条）。招集手続は株主総会に準じる（719条～722条）。

社債権者は、その有する当該種類の社債の未償還金額の合計額に応じて議決権を有する（723条）。社債権者集会の決議は、出席した議決権者の議決権の総額の過半数の賛成により成立する（724条1項）。特別決議（(a)の①～④は特別決議事項）には、出席した議決権者の議決権の総額の3分の2以上で、かつ、議決権総額の20％以上の賛成が必要である（同条2項柱書）。社債権者集会を頻繁・迅速に開催するのは困難なので、社債権者集会の特別決議により、議決権の0.1％以上を有する社債権者の中から1人ないし複数の代表社債権者を選任し、これに社債権者集会の決議事項の決定を委任することもできる（736条）。また、社債権者全員の同意により社債権者集会の決議を省略することもできる。

社債権者集会の決議については、その社債権者集会の招集者が裁判所に認可を申し立て（732条）、裁判所の認可を得ないと効力を生じない（734条1項。全員の同意により決議が省略された場合を除く）。これは、一部の社債権者の影響で不当な内容の決議が成立してしまう可能性があるため、裁判所による後見的機能を期待したということである（733条参照）。

第6章

計　算

本章は、株式会社の計算について説明する。その中身は大きく分けて、会社の財産や損益の状況を把握し、公表するという話（→Ⅰ）と、事業の成果として得られた利益などを出資者である株主に分配するという話（→Ⅱ）とに分かれる。

計算はなじみのない用語や考え方が次々出てくるので、初学者はなかなか大変だろうが、そもそも正確な理解には会計学の知識が必要となることも多いので、会社法のとりあえずの学習の段階では細かいことはあまり気にしなくてよい。本章も、正確性よりも大まかな理解が得られることを優先して書いているので、頑張って読んでほしい。

Ⅰ　会計情報の記録・作成・開示

1　はじめに

(1)　なぜ法が規制するのか

会社は出資金を元手に日々生産や取引を行い、儲けたり損したりする。資金が足りなくなれば、どこかからお金を借りてきたり新たな出資を受け入れたりもする。従業員には給料を払わないといけないし、利益が上がってお金が余っているならば、出資をしてくれた人に還元しないと怒られるかもしれない。こういう様々なことをただ漫然と繰り返していくと、この事業から利益は上がっているのか、会社の財産状態は今どうなっているかといったことがよく分から

なくなってしまう。そのため、普通の経営者であれば、必要な範囲で会社の財産や損益の状況が把握できるような仕組みを作り、定期的にチェックするはずである。ところが、会社法はそういった会計情報の扱いに関して、わざわざ一定の法規制を置いている。それはなぜだろうか。

① 利害関係者への情報提供のため

経営者は株主のお金を預かって運用しているような立場にあり、株主としてはその状況や結果に応じて経営者を交代させるなどの対応をとる必要がある。その前提として、株主には運用状況について適切な報告が行われなければならないが、その場合、経営者に自由に報告させるのではなく、報告に関する適切なルールを設定し、それに従って行わせた方がよい。また、株式会社に対する債権者は基本的には会社財産から支払を受けるしかないので、現在および将来の債権者にとって、会社の財産状態に関する情報は非常に重要である。そのため、それらの者は各自必要な範囲で調査したり、会社と交渉したりして情報を取得しようとするが、そのような者が多数に上る可能性を考慮すると、一律に一定レベルの情報の開示を法で要求しておいた方が色々と無駄が省けてよい。以上のような観点から、利害関係者に適切な情報が提供されるように、会社法は会計情報の記録・作成・開示のあり方について、会社が守らなければならないルールを定めている。

② 株主に対する会社財産の分配の規制のため

会社が獲得した利益は最終的に株主に分配されるところ、もしそれが歯止めなく行われるのであれば、会社財産だけが自己の債権の引当てとなる会社債権者としては困ることになる。しかし、各債権者が個別的に交渉して自衛することにすべてを任せるのは無駄が多いし、会社の事業に関連して被害を受けた不法行為債権者のように、そもそも交渉の機会がない者もいる。そこで、計算に関する法規制の一部として、株主に対する会社財産の分配について一定の強行法的な規制が用意されている（→**Ⅱ**）。会計情報の記録・作成・開示に関するルールには、そのような分配規制の前提としての意義もある。

なお、会計に関する法規制は、金融商品取引法や法人税法などの租税法にもある。金融商品取引法は、証券市場の機能確保と投資家の保護のために上場会社などに一定の情報開示を要求している。租税法は、会社が納めるべき税金の

額を算出するための様々なルールを定めている。これらの会計に関するルールの内容は会社法と重なる部分もあるが、それぞれの目的から異なる取扱いを定めていることも多い（特に租税法）。

(2) 会計に関するルール

株式会社の会計については、会社法第2編第5章「計算等」、会社法施行規則、会社計算規則に様々な規定が置かれているが、それらの法規定により会計に関するルールが全部定められているわけではない。会計（とりわけ会計基準）に関するルールは膨大で、一義的に定めることができなかったり流動的であったりすることも多いため、法ですべてを書くのは難しいし、適当ではないからである。そこで、株式会社の会計は、「一般に公正妥当と認められる企業会計の慣行に従う」ものとされている（431条）。この「一般に公正妥当と認められる企業会計の慣行」としては、公的機関である企業会計審議会が定めてきた「企業会計原則」等の会計基準や、2001年以降に会計基準の設定主体となった民間の企業会計基準委員会の定めた諸基準がある。

2 会計帳簿

会社の財産に影響を与える日々の出来事（取引など）はまず「会計帳簿」に記録され、そこから会社の財産や損益の状況を把握するための書類が作られる。その流れのイメージをもってもらうために、具体例に沿って説明することにしよう（イメージをもってもらうことだけが目的なので、以下の記述は厳密なものではないし、少々分からないことがあっても気にしないでよい。きちんと知りたい人は会計学を勉強してほしい）。

たとえば、あなたが服の製造販売を目的とする会社を設立し、次のような取引などを行ったとする。

4月1日	20万円を出資して会社設立
4月2日	15万円のミシンを購入する
4月3日	運転資金として親から10万円を借り入れる
4月5日	布地20万円分を購入する（10万円は現金、10万円は後払い〔買掛け〕）
4月20日	1万円分の布地で作った服が3万円で10着売れる（20万円は現金、10万円は後払い〔売掛け〕）
4月25日	手伝ってくれた友達に10万円支払う

(1) 複式簿記の技術

　これらをどのように記録していくか。それぞれの取引につき、ミシンを買って15万円支払った、親から10万円借金した……と家計簿のように記帳していってもよい。しかし、ミシンを買うという行為だけをみても、それは15万円の現金の流出というだけではなく、（とりあえず）15万円の価値があると考えられる資産の入手でもある。家計簿のような記帳の仕方は、このうち現金の流出という面にしか着目していないため、このような極めて単純な例においてすら、たとえば4月30日時点の財産状況を知るためには、少々慎重に頭を使う必要がある。このような記帳方法を単式簿記といい、家計簿のように一定期間の収入と支出だけを問題にすれば足りる場合にはそれで十分であるが、日々様々な取引を行いながら、定期的に財産や損益を確認すべき企業の会計においては、それだけで対応するのは難しい。

　そこで、一般に企業会計では複式簿記という技術が用いられる。複式簿記では取引は二面的に観察され、「15万円のミシンという資産の増加／15万円の現金の減少」といった形で記帳がなされる。より一般的にいうと、取引を資産の増加・負債の減少・資本（出資として受け入れている額）の減少・費用の発生という側面（「借方」と呼ばれる）と、資産の減少・負債の増加・資本の増加・収益の発生という側面（「貸方」と呼ばれる）からみたうえで、両面が同額になるように記帳される（これを「仕訳」という）。もちろん、こんな説明だけでは訳が分からないだろうから、冒頭のような日々の取引を記録した「日記帳」があるとして、それを元に複式記帳した「仕訳張」を作ってみることにしよう（記録を蓄積・整理していくやり方は企業により様々で、たとえば、日記帳と仕訳帳が別の帳簿である必要はない）。それは次のようになる。

日付	取引内容	借方		貸方		
1日	出資	現金	20万円	資本金	20万円	資産の増加／資本の増加
2日	ミシン購入	備品	15万円	現金	15万円	資産の増加／資産の減少
3日	借入れ	現金	10万円	借入金	10万円	資産の増加／負債の増加
5日	布地購入	原材料	20万円	現金 買掛金	10万円 10万円	資産の増加／資産の減少 負債の増加
20日	商品売却	現金 売掛金	20万円 10万円	商品 商品販売益	10万円 20万円	資産の増加／資産の減少 収益の発生
25日	給料支払	給料	10万円	現金	10万円	費用の発生／資産の減少

　このような形で仕訳して記帳する複式簿記は、ある時点での会社の財産状況やある期間における損益を確認する際の記録・計算の検証に便利であり、単式簿記よりも優れている。

　実際に4月末日時点の財産状況と4月の損益について確認してみよう。まず、仕訳帳に記載された取引を項目（勘定科目）別に分類転記する「元帳」を作成する。すると、たとえば現金元帳は次のようになる。

日付	取引内容	借方	貸方	残高
1日	出資	20万円		20万円
2日	ミシン購入		15万円	5万円
3日	借入れ	10万円		15万円
5日	布地購入		10万円	5万円
20日	商品売却	20万円		25万円
25日	給料支払		10万円	15万円

　各元帳における最終的な残高をまとめると次のようになる。

借方	元帳	勘定科目	貸方
15万円	1	現金	
10万円	2	商品・原材料	
15万円	3	備品	
10万円	4	売掛金	
	5	買掛金	10万円
	6	借入金	10万円
	7	資本金	20万円
	8	商品販売益	20万円
10万円	9	給料	
60万円		計	60万円

このうち、会社の保有する資産に関する勘定科目の元帳（1～4）、会社の負債に関する勘定科目の元帳（5・6）、会社が受け入れた出資金に関する勘定科目の元帳（7）の残高を集め、少々手を加えると、次のようになる。

借方		貸方	
【資産】		【負債】	
現金	15万円	買掛金	10万円
		借入金	10万円
原材料	10万円		
		【純資産】	
備品	15万円	資本金	20万円
売掛金	10万円	純利益	10万円
計	50万円	計	50万円

> 純資産は30万円であり、うち20万円は事業の元手となった出資金なので、事業から生じた純資産の増加＝利益は10万円ということである

　これは、4月末日時点における会社の財産状況、すなわち、資産・負債・純資産の額やその内容を表している。このような表を「貸借対照表」という。
　また、費用と収益に関する勘定科目の元帳（8・9）の発生高を集め、手を加えると、次のようになる。

収益(商品販売益)	20万円
費用（給料）	10万円
純利益	**10万円**

　これは、4月1日～30日の期間における会社の損益を表しており、このような表を「損益計算書」という。
　以上の例は非常に単純なものなので、あまりありがたみを感じないかもしれないが、日々様々な取引が行われる状況にあっても、複式簿記の技術を使えば、必要なときに以上と同様の作業を行うことで、比較的容易に会社の財産や損益の状況をチェックすることができる。

(2)　会計帳簿の作成と閲覧等
(a)　会計帳簿の作成
　会社は、法務省令（計算規則）で定めるところにより、適時に正確な「会計帳簿」を作成し、一定期間保存しなければならないとされている（432条）。一

般に、(1)でみた日記帳・仕訳帳・元帳やその他の各種の補助簿（売掛帳・買掛帳など）が会計帳簿に当たるとされている。

(b) 株主による会計帳簿の閲覧等の請求

　会社の財産や損益の状況に関する情報は、定期的に作成される貸借対照表や損益計算書などの「計算書類」（→ 3(1)）により株主に開示されるが、それらの元となった会計帳簿は、通常、一般の株主が見られるような状態には置かれない。会計帳簿から得られる情報には、どこと、いつ、どういう条件で取引を行ったかなど、事業上の秘密に属するような事項が含まれているからである。しかし、株主がその正当な権利を行使するために、会計帳簿に含まれる情報にアクセスする必要が生じる場合もある。その場合、一定の少数株主要件（下記の会計帳簿等閲覧等請求と同じ要件）を満たす株主は、一定の場合（会社の業務の執行に関し、不正行為や法令定款違反の重大な事実があることを疑うに足りる事由があるとき）に、裁判所に業務・財産状況の調査を行う検査役の選任を申し立てることもできるが（358条）、別の選択肢として、株主が会計帳簿やそれに関する資料を自身で直接見たり（閲覧）、コピーしたり（謄写）するという方法も認められている（433条）。

　もちろん、前述のように会計帳簿には事業秘密が含まれていることもあるし、そのため嫌がらせなどの不当な目的をもって株主が閲覧等を求めるおそれも高いため、閲覧等の請求には一定の制限がある。まず、会社に対して閲覧等を請求できる株主は、総株主の議決権の3％以上の議決権を有する株主か、自己株式（→ Ⅱ 3(3)）を除く発行済株式の3％以上を有する株主でなければならない（433条1項柱書前段）。つまり、会計帳簿等の閲覧等請求権は少数株主権（→第3章 Ⅰ 1(2)(b)）である。また、請求の際にはその理由をある程度具体的に明らかにしてしなければならない（同後段）。

　さらに、以上の要件を満たす請求があっても、433条2項の各事由があれば会社側はそれを拒絶できるとされている。すなわち、①請求者が権利の確保または行使に関する調査以外の目的で請求を行ったとき、②請求者が会社の業務の遂行を妨げ、株主の共同の利益を害する目的で請求を行ったとき、③請求者が会社と業務上の実質的な競争関係にあるとき、④請求者が閲覧等請求によって知りえた事実を利益を得て第三者に通報するために請求したとき、⑤請求者

が過去２年以内に④の行為を実際に行った者であるときには、会社は閲覧等請求を拒むことができる。これらのうち基本となるのは①②で、③〜⑤はそれを会社が主張・立証しやすいように具体化したものである。そこで、とりわけ③につき、請求者が実質的競争関係にあることを会社が立証しても、請求者の側で①②に当たらないこと（＝閲覧等によって知りえた情報を競争関係上、自己の有利に利用する意図や可能性がないこと）を立証すれば会社は請求を拒めないことになるのかが問題とされているが、判例（最決平成21・1・15民集63巻1号1頁）は、請求者が実質的競争関係にあるという客観的事実がありさえすれば、会社は請求を拒絶できるとしている。

3　計算書類と決算

　会社は事業年度ごとに「計算書類」等を作成し、確定させ、公開しなければならない。これを決算という。

(1)　計算書類とは

　会社は決算手続の中で、事業年度の末日を基準日とする貸借対照表やその事業年度を対象期間とする損益計算書を作成しなければならない。そのような貸借対照表や損益計算書が計算書類の中心的なものである（435条2項括弧書参照）。計算書類には、ほかに、株主資本等変動計算書と、各計算書類の注記事項をまとめた個別注記表がある（施行規則116条2号、計算規則59条1項）。株主資本等変動計算書は、事業年度中の会社の純資産の部の各項目の変動をまとめたものである。新たな出資の受入れや株主への分配等によって生じる純資産の変動は、事業活動による損益ではなく、損益計算書に反映されるものではないため、それらの一覧表を作成させるのである。

　計算書類に記載すべき事項や、記載上のルールは会社計算規則に詳細に定められている（施行規則116条2号、計算規則57条以下）。

(2)　決算手続

　決算手続で作成される書類には、計算書類のほか、事業報告と附属明細書もある（435条2項）。事業報告とは、事業年度中の会社の状況を文章で説明する

書類であり、記載すべき事項は会社法施行規則に詳細に定められている（施行規則117条以下）。附属明細書とは、計算書類・事業報告の内容を補足する重要な事項を記載した書類である（施行規則116条2号・128条、計算規則117条）。以下の説明では、これらをあわせて「計算書類等」とする（会社法上の「計算書類等」には臨時計算書類〔→Ⅱ1⑵(b)〕も含まれる〔442条1項柱書参照〕）。

決算手続は会社の機関設計によって異なる。取締役しかいない会社では、取締役が作成した計算書類等を定時株主総会で承認し確定させたうえで、一定の公告や備置きを行うことで足りる。計算書類等の適法性や正確性を担保する機関設計上の仕組みは特にないが、その分、そのような会社の計算書類等にはその程度の信用しかない。これに対して、機関設計が複雑になると、計算書類等の適法性や正確性を担保する監査の手続が入るなど、決算手続は複雑なものとなる。以下では、上場企業に最も多い、監査役会と会計監査人が置かれる取締役会設置会社の決算手続の概要をみておこう。

(a) 作 成

会社は、各事業年度について計算書類等を作成しなければならない（435条2項）。作成は、代表取締役や業務執行を担う取締役の権限と責任の下で行われる。

(b) 監 査

計算書類とその附属明細書については、監査役と会計監査人の監査を受けなければならない（436条2項1号）。会計監査人設置会社では、会計に関する事項の監査は主として会計監査人が行うことになっており、まず会計監査人が監査を行って会計監査報告を作成し、監査役はそれを会計監査人から受け取った後に監査を行うが、監査役の監査報告には、会計監査人の監査の方法または結果を相当でないと認めたときに、その旨とその理由を記載すれば足りる。監査役は独任制の機関なので各監査役がそれぞれ監査を行い、監査報告を作成するが、さらに監査役会は各監査役の監査報告に基づき、監査役会としての監査報告を作成しなければならない。もっとも、監査役会の監査報告の内容と異なる意見をもつ監査役は、自己の監査役監査報告の内容を監査役会監査報告に付記することができる（以上につき、施行規則116条3号、計算規則125条〜128条）。

一方、事業報告とその附属明細書については、監査役による監査だけがなさ

れる（436条2項2号）。監査役監査報告と監査役会監査報告の関係は計算書類の場合と同じである（施行規則129条・130条）。

(c) 承認と確定

監査の後、計算書類等は取締役会の承認を受けなければならない（436条3項）。取締役会の承認を受けた計算書類・事業報告と監査役会監査報告・会計監査報告は、定時株主総会の招集通知の添付書類となる（437条、施行規則116条4号・133条、計算規則133条）。さらに、計算書類と事業報告は定時株主総会に提出され、事業報告についてはその内容について取締役が報告を行い、計算書類についてはその承認を受けなければならない（438条）。

この定時株主総会による承認をもって計算書類が確定するのが原則であるが、会計監査人設置会社において一定の条件を満たす場合には、取締役会による承認によって計算書類が確定し、定時株主総会には計算書類の内容を報告すれば足りる（439条、施行規則116条5号、計算規則135条）。その条件とは、おおよそ、会計監査報告や監査報告によれば、計算書類が法令・定款に従い、会社の財産・損益の状況を正しく表示しているものと認められるような場合（会計監査報告に無限定適正意見〔計算規則126条1項2号イ〕があり、監査報告に不相当意見がない場合）である。

(d) 開　示

会社は、定時株主総会の2週間前から5年間、計算書類等と監査報告・会計監査報告を本店・支店（写し）に備え置き、株主や会社債権者などの閲覧・謄写等に供さなければならない（442条）。これは、株主や債権者が会社に出向けば見られるという形の開示である。さらに、定時株主総会の終結後遅滞なく、貸借対照表と損益計算書（大会社でなければ貸借対照表のみ）を公告しなければならない（440条）。こちらは誰でも見ることができる形での開示であり、決算公告と呼ばれている。

(3) 連結計算書類

計算書類は会社ごとに作成されるが、傘下の子会社と企業グループを形成している場合、その会社単体の計算書類だけでは財産や損益の状況について適切に把握することは難しい。たとえば、単体の計算書類では子会社に対する貸付

債権も資産であるし、子会社に販売した商品がまだ子会社のもとにあっても販売したという処理がなされるが、企業グループ全体としてみれば、グループ外に対する貸付けや販売と同じように考えるのは不適切である。そこで、企業グループ全体を一つの会社のようにみて財産や損益の状況を把握しようとするのが連結決算という考え方である。上場会社を主たる対象とする金融商品取引法上の会計規整では連結で考えるのが基本である。

　会社法も、会計監査人設置会社では連結計算書類（連結貸借対照表や連結損益計算書など）を作成できることとしつつ、大会社であって金融商品取引法により連結決算が必要となる会社については作成しなければならないとしている（444条1項・3項）。どのような会社に作成の義務を課すかは、本来、会社法独自の視点から考えるのが筋であるが、会社にかかる作成や監査の負担に配慮したものである。

　連結計算書類を作成する場合には、連結計算書類についても個別の計算書類と同様の決算手続が必要になる（444条4項〜7項）。

II　株主に対する剰余金の分配

1　分配可能額による財源規制

(1)　事業継続中の会社財産の分配と財源規制の必要性

　会社が事業をやめて解散・清算するとき、まずは債権者に対する弁済が行われ、残る資産（純資産）があれば株主が持株割合に応じて平等に受け取ることになる（残余財産の分配）。だから、株主としては事業が成功し、純資産の額ができるだけ大きくなることを期待する。ただ、どんなに純資産が大きくなっても、残余財産の分配しかできないのであれば、株主は会社を解散するまでは直接それにあずかることができない。もちろん、将来の残余財産の分配がより大きく、より確実であるほど株式の価値は高くなるので、株主は株式を売却することにより間接的に会社の事業の成功（の可能性）にあずかることはできる。しかし、証券市場で取引されていない株式の売買は、実際のところ容易ではない。また、たとえば会社の事業は順調なのでそれをやめて解散してしまう理由

はないが、おいしい新規事業の機会も特にないといった状況では、会社に使う
あてのないお金がどんどんと溜まっていったり、それが意味のない使われ方を
されたりしがちである。株主からみると、そういうお金はもったいない。そう
いうもったいなさの分、そのような会社の株式の価値は、同じ額の純資産を
もつがそれを適切に使うあてがある（＝純資産をさらに通常よりも大きくするチャン
スのある）会社の株式の価値よりも低くなる。そのような場合、株主としては
残余財産となるべき資産を減らしてでもそれを分配してもらい、たとえば別の
企業に出資したり個人的な楽しみに使ったりした方がより幸せとなる可能性が
高い。

　そこで、会社法は、残余財産の分配だけでなく、会社が事業を継続しながら
会社財産を株主に分配することも認めている。これを「剰余金の分配」とい
い、その方法としては、「剰余金の配当」（→2）と「自己株式の取得」（→3）
とがある。前者は、株主に対してそれぞれの持株割合に応じて直接に会社財産
を分配する方法である。後者は、一部の株式を会社が買い取る形で分配を行う
方法である。

　一方、株主に対する会社財産の分配が無制限に行われると、会社財産だけが
自己の債権の引当てとなる会社債権者としては困ることになる。もちろん、債
権者は債権者となる段階で担保をとったり、会社財産の株主への分配に制限を
設けるよう求めたりすることはできるが、そのような債権者の自衛にすべてを
委ねることとすると、余計な手間暇や重複が生じるなどして無駄が多い。ま
た、実際問題としてすべての債権者が会社と対等に交渉できるわけではない
し、会社の事業から被害を受けた不法行為債権者のように、そもそも交渉の機
会がない者も想定される。したがって、事業継続中の株主への分配には、法律
で何らかの形で限度を設けておくことが望ましい。

(2)　分配可能額による財源規制

　事業継続中の株主への分配の限度の定め方は色々考えられるが、仮に（現行
法と同様に）いくらまで分配してよいかという形で定めるとしよう。その場合、
たとえば、帳簿上、その時点での会社債務を弁済できるだけの資産を残せば、
残りはすべて分配してよいという極端なルールも考えられないではない。しか

し、本当にそこで許される限りのすべてを分配してしまうと、会社の純資産は帳簿上ゼロとなり、その後少しでも損失が発生すると会社は資産よりも債務が多い状態、すなわち債務超過に陥ってしまう。帳簿上の債務超過であっても実際に弁済すべき債務が払えない状態であるとは限らないが、あらかじめ限度額を定めるという形の規制の中で実際の状態を考慮するのは難しいので、帳簿上ですぐに債務超過に陥る可能性の高いところまで分配を認めるルールは、事業継続を前提とした分配規制のあり方としては望ましくない。そうすると、何らかの量の純資産が帳簿上残る形でしか分配できないように、分配できる額に限度を定める必要がある。

　そこで、会社法は「分配可能額」というものを定め、剰余金の配当などに使う額はそれを超えてはいけないとしている。この分配可能額による財源規制の下では、ごく大雑把にいえば、会社に対する出資を元手に行われた事業などから得られた利益と、一定の手続を経て株主に対して返却できるものとされた出資の部分だけが分配の対象となる。このことをもう少しきちんと理解するには、会社法上の「資本金」「準備金」「剰余金」についておおよそのことを理解しておく必要があるので、以下ではまずそれらについての説明から行うこととしよう。

(a)　資本金・準備金・剰余金

(ア)　資本金

「資本」の元の意味は事業の元手である。それを活用して事業を行った結果、純資産が増えた分が「利益」である。現行法上の分配規制の元々の発想は、元手である資本については株主が自由に返還を受けることを認めず、他方、利益については、会社に残そうが（内部留保）、株主に分配してしまおうが、株主の側で自由に決めてよいというものである。そのような仕組みの中で、その元手の金額がいくらであるかを示すものが元々の「資本金」である。

　ただ、株主と債権者との間の利害調整として株主への分配をどの範囲の純資産について認めるかを考える際に、事業の元手が元々いくらであったかにこだわる理由はない。債権者としては、どの範囲で分配可能かが分かっていれば、そして、それを株主が自由に変更できないことになっていればよいからである。そこで、会社法では、株主が設立時や新株の発行時に会社に対して出資し

た額を資本金とすることを原則としながらも、その半額までは資本金としないことができるとしている（445条1項・2項）（もっとも、資本金としない部分は(イ)の準備金となるので、そのままでは分配ができるわけではない）。また、原則として株主総会の特別決議によって資本金を適宜減額し、減額分を(イ)の「準備金」や(ウ)の「剰余金」に振り替えることも認めている（447条1項・2項・309条2項9号）。ただし、資本金を減少すると結果として分配の対象となりうる範囲が広がるため、資本金減少に際しては債権者異議手続が必要とされている（449条）。これは、資本金減少に対して債権者に異議を述べる機会を与え、異議を述べた債権者に対して会社は原則として弁済や担保提供といった対応をしなければならないとする制度である。以上の資本金減少とは逆に、「準備金」や「剰余金」を減額して資本金を増やすことも可能であり（→(イ)(ウ)）、それらを通じた資本金の増減により、その額は出資額とは無関係なものになりうる。

(イ)　準備金

　以上の説明からすると、純資産のうち資本金の額を超える部分は分配してよいとしてもよさそうだが、会社法はそうせずに、さらに準備金という制度を設け、純資産のうち資本金だけでなく準備金に相当する額も分配できないとしている。これにより、純資産が資本金の額を下回るという事態もできるだけ回避しようとしているわけである。

　では、その準備金の額はどのようして決まるのか。色々あるが、主なものを取り上げておくと、まず、前述のように株主の出資額の半額までは資本金としなくてもよいが、その資本金としなかった額は「資本準備金」としなければならないとされている（445条3項）。また、準備金の総額が資本金の25％に達するまでは、剰余金の配当をするたびに、「資本準備金」または「利益準備金」を配当額の10％に相当する額だけ増額しなければならないとされている（同条4項、施行規則116条9号、計算規則22条）。なお、ここで「資本」準備金、「利益」準備金とあるが、会社法による株主と債権者の利害調整のための分配規制という観点からは、とにかく準備金であるということが大事で、両者を区別する意味は全然ない。ただ、事業の成果を明らかにする会計という観点からは、資本（元手）と利益の区別は非常に重要なため、準備金や(ウ)の「剰余金」についてはその源泉が資本性か利益性かが問題とされているわけである。しかし、本書

による学習の段階ではこの点は気にしなくてよい。

　さらに、資本金と同様、準備金の額は一定の手続を経て増減させることもできる。増額は、資本金減少や「剰余金」の減額に伴う振替えによる。減額は、株主総会の普通決議により行われ、減額分は資本金や「剰余金」に振り替えられる（448条1項・2項）。ここで、債権者にとっては準備金が減って資本金だけが増えるのはまったく問題ないが、準備金が減って「剰余金」が増える場合には結果として分配の対象となる範囲が広がるため、原則として債権者異議手続が必要とされている。ただし、定時株主総会において「欠損」の填補だけのために準備金を減少させる場合には、債権者異議手続は不要とされている（以上、449条。さらに、取締役会決議で足りる場合もある〔459条1項2号〕）。この「欠損」とは、最終的に「分配可能額」を計算した場合にそれが計算上ではマイナスとなる場合のそのマイナスの額のことであるが（計算規則151条）、ここでの理解のためには、純資産の額が資本金と準備金の合計額に満たない場合のその差額のことと考えてよい。欠損の填補とは、そのような欠損を準備金を減少して消してしまう操作のことである。

純資産25に対し、資本金・準備金が
30あるため、5の欠損がある状態

資産	200	負債	175
		（純資産）	
		資本金	20
		準備金	**10**
		剰余金	**▲5**
計	200	計	200

準備金を5減らして欠損5を填補す
る操作を行った結果

資産	200	負債	175
		（純資産）	
		資本金	20
		準備金	**5**
		剰余金	**0**
計	200	計	200

※▲はマイナスという意味

　この欠損の填補は準備金の減少であり、結果的に将来の分配がより容易にはなるが、準備金はまさにこういう使い方をするために用意された制度であるから、この場合の債権者異議手続は不要とされているのである。なお、これが定時株主総会に限られるのは、帳簿上の数字でもできるだけ実際の会社の財務状態を反映した形で欠損額が把握できる時期に限って手続的な例外を認める趣旨である。

(ウ) 剰余金

　本書による学習の段階では、とりあえず、剰余金とは純資産のうち資本金と準備金に相当する部分を除いた残りの部分と考えておいてよい（剰余金＝純資産－（資本金＋準備金））。

　(ア)(イ)からも分かるように、会社が得た利益や資本金・準備金の剰余金への振替えにより剰余金は増加し、会社が被った損失や株主に対する剰余金の分配により剰余金は減少する（だから、損失が蓄積していけば剰余金がマイナスになることも当然ある）。また、株主総会の普通決議により剰余金を減らして資本金や準備金を増やすこともできる（450条・451条）。要するに、剰余金がプラスであれば、それは資本金や準備金に組み入れられなかった利益の蓄積や、必要な手続を経て株主に返還してしまってよいとされた出資が主な構成要素ということになる。「分配可能額」はこの剰余金を基礎に算出される。

　ところで、剰余金を基礎とした「分配可能額」の算出も、剰余金の資本金や準備金への組入れも、それを行う時点での剰余金の額を確定してしなければならないところ、以上のように剰余金の額の変動原因には色々あるので、それらをどのように剰余金の額に反映させていくのかが問題となる。この点につき、剰余金の額について定める446条がどうなっているかを確認しておこう。まず、１号は、最終事業年度（２条24号）末日における剰余金、すなわち、確定している最後の貸借対照表上での剰余金がいくらかを問題にしている。そして、２号以下が、最終事業年度末日から剰余金の額が問題となる時点までの剰余金の額に変動を与えるべき要素について拾っており、自己株式に関する項目（２号・５号）以外では、主に、剰余金を増加させる要素として最終事業年度末日後に資本金・準備金から剰余金に振り替えた額が（３号・４号）、剰余金を減少させる要素として最終事業年度末日後に剰余金を配当した額（６号）や剰余金から資本金・準備金に振り替えた額（７号、施行規則116条10号、計算規則150条１項１号）が規定されている。ここで注目しておいてもらいたいのは、最終事業年度末日後の利益や損失はここでは規定されていないことである。つまり、会社がこの間に儲かってようがなかろうが、剰余金の額、ひいては「分配可能額」には影響を与えない。日々の取引から生じる利益や損失につき、その時点ごとの状況を把握するのは困難なためであり、これらは、次の決算手続を経て

新たな「最終事業年度末日における剰余金」が確定して（あるいは、(b)でみる臨時計算書類が作成されて）初めて剰余金の額に反映される。

(b) 分配可能額

分配可能額とは、剰余金の配当や自己株式の取得による株主への会社財産の分配に使える額のことである。それらによる分配額は分配行為の効力発生日の分配可能額を超えてはならない（461条1項）。

分配可能額は、その時点の剰余金を基礎に、株主への分配の財源として適当かという観点から操作を加えた額である（461条2項）。たとえば、最終事業年度末日後に行った剰余金配当での配当額は剰余金の減少額とされている（→(a)(ウ)）のに対し、同じく剰余金分配の一手法である自己株式の取得が行われても剰余金の額には影響を与えない。しかし、すでに株主への分配がなされた額という点では同じなので、剰余金から分配可能額を算出する過程で結果的に自己株式の取得に用いられた額は控除される（同項3号）。

また、分配可能額の算出過程では、資本金・準備金等の合計額が300万円よりも小さい場合にはその差額が剰余金の額から減じられる（461条2項6号、施行規則116条14号、計算規則158条6号）。たとえば、資本金100万円、準備金50万円、剰余金200万円の会社では、分配可能額の算出過程で剰余金から150万円が減じられる結果、ほかの要素がなければ分配可能額は50万円となる。これは、株主への分配の結果として純資産が300万円未満となることを認めない趣旨である（458条は、純資産が300万円未満の会社では剰余金の配当ができないとしているが、それだけでは配当の結果として300万円を割り込むことは防げない。また、自己株式の取得にそのような制限は課されていない）。会社法では資本金の額はいくら低くてもよいが、株主への分配行為による純資産額の減少には、資本金の額にかかわらず一定の制限をかけておこうという趣旨である。

さらに、(a)(ウ)でみたように、最終事業年度末日後の損益は剰余金の額に反映されず、したがって分配可能額には反映されない。しかし、それでは、たとえばその間に会社が異常に儲かっていても、次の決算が終わるまではそれによっては株主への分配の財源は増えないことになる。そこで、そのような事業年度途中の損益などを分配可能額に反映させる仕組みとして、臨時計算書類という制度が設けられている（441条）。これは、会社が事業年度中のある一定の日を

臨時決算日と定めて臨時貸借対照表と臨時損益計算書を作成することを認め、決算手続に準じた監査・承認・開示の手続を経させるものである。臨時計算書類が作成された場合には、事業年度末日から臨時決算日までの期間の損益などが分配可能額に反映される（461条2項2号・5号）。

2　剰余金の配当

(1)　剰余金の配当の手続

(a)　配当の決定

　剰余金の配当はいつでもできるが、そのためには株主総会の普通決議によって配当額等について決定しなければならないのが原則である（454条1項。割当ては持株割合に応じて平等にしなければならない〔同条3項〕）。ただし、以下の例外がある。

㋐　取締役会による決定

　剰余金のうちどれだけを配当すべきかは、なかなか高度な経営上の判断でもある。そこで、一定の会社においては、定款で定めれば、一定の要件の下で取締役会の決議によって配当について決定することが認められている（459条1項4号・2項）。一定の会社とは、機関構成が「取締役会＋監査役会＋会計監査人」で取締役の任期が1年の会社、監査等委員以外の取締役の任期が1年の監査等委員会設置会社（制度上、会計監査人は必ずいる）、指名委員会等設置会社（制度上、取締役の任期は1年で会計監査人は必ずいる）のいずれかである。一定の要件とは、おおよそ、会計監査人の会計監査報告や監査役会・監査等委員会・監査委員会の監査報告によれば、最終事業年度に係る計算書類が法令・定款に従い、会社の財産・損益の状況を正しく表示しているものと認められるような場合（会計監査報告に無限定適正意見があり、監査報告に不相当意見がない場合〔→Ⅰ3(2)〕）である（施行規則116条12号、計算規則155条）。要は、計算書類が信頼できると一応考えられる状況で、かつ、毎年、取締役が選任手続にさらされる場合に限って取締役会に決定権限を与えてもよいということである。

　さらに、定款の定めにより、同様の条件の下で決定権限を株主総会から奪い、取締役会だけが決定できるとすることもできる（460条）。これによって、株主提案（→第4章Ⅱ5）による剰余金の配当の可能性を（定款変更をされない限

りは）排除することができる。

(イ) 中間配当

(ア)とは別の理由から、(ア)の条件とは無関係に、取締役会設置会社は定款で定めれば、１事業年度の途中において１回に限り取締役会の決議によって剰余金の配当（金銭に限る）ができるとされている（454条５項）。これを「中間配当」という。合理的な理由のある制度ではないが、その歴史的な経緯は次のとおりである。かつて多くの会社が半年を事業年度とし、毎年２回の決算と配当（従来、配当は決算手続の一環であった）を行っていたところ、度重なる不祥事を受けた法改正により監査制度が強化され決算手続がいちいち大変なものとなったため、多くの会社が事業年度を１年に変更することとなった。しかし、年２回の配当は維持したいという要望があったために、平成17年改正前商法では妥協的に株主総会を開催せずに配当類似のことを行うことができるようにしていた。それを会社法が引き継いだのである。

(ウ) 現物配当

配当される財産は通常、金銭であるが、金銭以外の財産を配当してもよい。これを現物配当という。現物配当でも、各株主の持分割合に応じて平等に現物が交付されるが、金銭の場合とは異なり、その現物の金銭的価値が各株主にとって同じである保証はない（株主によって現物を金銭に換える難易度に差がありうる）。そのため、現物配当に関しては、現物の代わりに金銭を交付することを会社に対して請求できる権利（金銭分配請求権）を株主に与えない場合には、配当の決定には株主総会の特別決議を要するとされている。金銭分配請求権を与える場合には、配当財産が金銭の場合と同じく、株主総会の普通決議や取締役会で決定することができる（以上、454条４項１号・459条１項４号・309条２項10号）。

なお、現物配当の場合には、一定数未満の株式しか有していない株主に対しては配当財産を割り当てないとすることもできる（454条４項２号）。10株につき１個といった形の現物配当でもよいということであるが、それだけでは株主間に不平等が生じるので、基準株式数以下の株式に対しては金銭が支払われることになる（456条）。

(b) 配当財産の交付

株主には剰余金の配当を受ける権利があるとはいえ（105条1項1号参照）、それはあくまで配当がなされる場合に持株割合に応じて平等に配当を受ける権利があるにすぎない。剰余金の配当の決定があって初めて各株主に具体的な配当金支払請求権や配当財産引渡請求権が発生する。

会社は、配当財産等を、株主名簿に記載・記録された株主の住所または株主が会社に通知した場所（銀行口座等）において交付しなければならない（457条1項）。また、配当金の交付に要する費用は、株主の責めに帰すべき事由（住所変更、口座廃止等）による増額分を除き、会社が負担する（同条2項）。

(2) 剰余金の配当に関する責任
(a) 財源規制に違反した場合の責任

剰余金の配当により株主に交付する金銭（もしくは現物の帳簿価額の総額。以下では、金銭配当だけを念頭に置く）は、配当の効力が生ずる日（454条1項3号）の分配可能額を超えてはならない（461条1項8号）。超えてしまった場合は、各株主はそれぞれが受け取った配当額に相当する金銭を、関与した取締役等は配当額の総額に相当する金銭を、会社に対して連帯して支払う義務を負う（462条1項6号、施行規則116条15号、計算規則159条8号）。ただし、取締役等は自己の無過失を証明したときには免責される（462条2項）。また、取締役等の支払義務は免除できないとされているが、分配可能額の範囲内の額は、本来、債権者との関係では問題なく配当できたものなので、総株主の同意によって免除できるとされている（同条3項）。

配当を受け取った株主の責任は、本来もらえないものをもらった関係にあるため（不当利得）、各株主の過失の有無を問わず発生する。会社債権者は、自己の債権額の範囲内でこの株主の支払義務の履行を求めることができるとされている（463条2項）。これは債権者代位権（民法423条）に関する判例理論を取り込んだ規定であり、結論としては、この規定により会社債権者は株主から直接支払を受け、それを保持することができると解される。

また、支払義務を履行した取締役等は、株主に対して、代わりに支払った分につき求償することができる。ただ、特に上場会社のような会社では剰余金の

配当を実際に主導するのは取締役等であり、多くの株主は財源規制違反については知らない（善意）のが通常である。無過失を立証できずに責任を負うことになった取締役等が、そのような善意の株主に対して求償することを認めるのは適切ではないという判断から、求償は悪意の株主に対してしかできないとされている（463条1項）。

(b) 欠損が生じた場合の責任

　分配可能額は最終事業年度末日後の損益等を反映しないため（→1 (2)(b)）、分配可能額による財源規制だけでは、次の計算書類の確定時には欠損が生じる見込みが高い、つまり分配可能額が計算上マイナスになる見込みが高い状況でも、配当が適法に行われてしまう可能性がある。そこで、会社法は財源規制違反の場合の責任に加え、最終的に欠損が生じた場合に、会社の損益の状況をよく分かっていたはずの取締役等に責任を課すことで、そのような配当が行われることをできるだけ防ごうとしている。

　具体的には、計算書類承認時の分配可能額が計算上マイナスとなった場合には、配当に関与した取締役等は、会社に対して連帯してそのマイナスの額か配当額のいずれか小さい額を支払う義務を負うとされている。取締役等は無過失を立証すれば責任を免れる。また、決算確定と同時に行う剰余金の配当など、一定の剰余金配当についてはこの責任は課されていない（平成17年改正前商法からの経緯による）（以上、465条1項10号）。

3　自己株式の取得

(1)　自己株式の取得と剰余金の分配

　自己株式の取得とは、文字どおり、会社が自己の株式を取得することであるが、これが剰余金の分配の一つの方法となるということは、直感的には分かりにくいかもしれない。簡単な例を使って説明しよう。P社には10人の株主がいて、1株ずつ保有しているとする。P社の（株主からみた）企業価値は400であるが、そのうち80は使うあてがなく、ただちに株主に返そうとしている金銭であるとする。言い換えると、今から返還する金銭を除いたP社の継続企業としての価値（将来の剰余金・残余財産分配により全株主が得る利益を現時点での価値として評価した額）は、320である。さて、80の金銭の返還を配当によって行う

と、各株主は8（＝80÷10）の金銭を受け取るとともに、32（＝320÷10）の価値のあるP社株式を保有することになる。では、P社がその80の金銭を使って自己株式を取得するとどうなるか。その時点でのP社株式1株の価値は40（＝400÷10）なので、取得できるのは2株である。その結果、取得の対象となった株式の株主であった者は40の金銭を受け取ることになり、ほかの株主は40（＝320÷（10−2））の価値のある株式を保有することになる。配当の場合と比較すると、ほかの株主は8の金銭ではなく、株式価値の8の増加という形で使うあてのない資金の返還を受けていることになる。

　毎年安定した配当を行っている会社にとっては、状況に応じて配当額をコロコロと変えるようなことはあまりしたくないので、配当と並んでこのような自己株式の取得による余剰資金の返還方法があった方が便利である。そこで、会社法は、一定の手続を踏めば、分配可能額の範囲内で自由に会社が自己株式を取得できるようにしているわけである。

　条文との関係で付言しておくと、155条は「次に掲げる場合に限り」自己株式を取得できるという書き方をしているが、その3号で「株主との合意による取得」について定める156条以下の自己株式の取得が挙げられている。「株主との合意による取得」は一定の手続を踏んで分配可能額の範囲内で行う自己株式の取得であるから、結局、自己株式の取得は特別な場合に限定されず、会社が必要に応じて行うことが認められているということになる。以下では、この「株主との合意による取得」の手続等について説明する。

(2)　取得方法の種類

　「株主との合意による取得」には、①株主全員を平等に扱う方法（→(a)）、②特定の株主のみから取得する方法（→(b)）、③②の例外的な場合（→(c)）、④市場取引・公開買付けによる方法（→(d)）があり、それぞれ手続が異なる。

　手続規制の目的は株主間の公平の確保にある。すなわち、自己株式の取得対価が不当に高ければ、ほかの株主が経済的不利益を被るし（(1)の例で、80を対価に1株だけ取得すると、ほかの株主の保有する株式の価値は35.6〔≒32÷（10−1）〕となってしまう）、譲渡が難しい株式であれば、株主にとっては自分の株式が取得の対象となって現金化できること自体が嬉しいということもありうる。そのた

め、株主間の公平を害するおそれの低い①④の手続は比較的軽いものとされているが、そのおそれの高い②については厳重な手続が定められている。

　なお、いずれの方法による場合も、債権者保護のために分配可能額による財源規制に服する（461条1項2号・3号）。財源規制に違反した場合や、事後的に欠損が生じた場合の責任につき、剰余金の配当の場合（→2(2)）と同様の規定がある（462条1項1号・2号・465条1項2号・3号）。

(a) 株主全員を平等に扱う場合の手続

　会社が、株主全員を平等に取り扱う形で自己株式を取得する場合には、原則として、株主総会の普通決議により、一定期間（1年間以下）内の取得株式の総数や取得対価の総額などについての決議（授権決議）を得たうえで（156条1項）、実際に自己株式を取得しようとするたびに、取締役・執行役の決定や取締役会の決議により、授権決議の枠内で取得株式数や対価の額、株主からの申込みの期日などを定めなければならない（157条）。ただし、配当を取締役会決議で決定できる会社（→2(1)(a)(ア)）では、定款で定めれば同様の条件の下で授権決議も取締役会の決議で行うことができる（459条1項1号）。授権決議と実際の取得の決議という二段構えの形がとられているのは、適切な取得対価が変動しうることなどを考慮して、一定の枠内で状況に応じて機動的に取得できるようにするためである。

　実際の取得の決議がなされると、株主全員に対して通知（公開会社では公告で代替可）がなされる（158条）。それを受け、自分の株式を取得してほしいと考える株主は、会社に対して譲渡しの申込みを行う。申込期日に会社はその申込みを承諾したものとみなされるが、申込株式数が取得予定の株式数を上回る場合には、各株主の申込株式数の割合に応じた範囲（按分比例）で承諾があったものとみなされる（以上、159条）。このような仕組みにより、保有株式を会社に買い取ってもらうチャンスをすべての株主に平等に与えているのである。

(b) 特定の株主のみから取得する場合の手続

　これに対して、特定の株主のみから取得しようとする場合には、株主間の公平を害するおそれが強いため、手続はより厳重なものとなっている。すなわち、「授権決議→実際の取得の決議→通知→申込み→承諾」という基本的な流れは(a)と同じであるが、授権決議の段階で、取得の対象となる特定の株主の議

決権を排除した株主総会の特別決議が必要とされている（160条4項・309条2項2号）。特定の株主の保有株式のみを取得の対象とするための仕掛けは少々ややこしく、会社からの通知の対象とされた株主のみが申込みをできるという仕組み（159条1項参照）を利用して、授権決議において特定の株主に対してのみ通知を行う旨を定めることとし、その旨の定めがなされた場合には、その特定の株主に対してのみ通知がなされるという形がとられている（160条1項・5項）。授権決議の段階で特定の株主を譲渡人として確定させるのではなく、実際の取得の決議によって定められた具体的な条件をみたうえでその特定の株主が申込みを行うか否かを決められるようにするための工夫である。

さらに、会社が自己株式の取得の相手方として考えていた株主以外の株主も、同じように自分の株式を取得してもらえるようにするための仕組み（「売却参加権」などと呼ばれる）もある。すなわち、授権決議に際して、株主は「特定の株主」に自己をも加えたものを株主総会の議案とすることを請求することができ、会社も総会に先立ちその旨を株主に通知しなければならないとされている（160条2項・3項）。そのような請求が予定外に多かった場合には、やろうとしていた自己株式の取得自体を断念することも会社の選択肢になる。ただし、この株主の権利は定款の定めによって排除しておくことも認められている（すでに発行されている株式を対象としてそのような定めを置くには株主全員の同意が必要）（164条）。

(c) (b)の例外

特定の株主からの取得ではあるが、一定の場合につき異なる手続が定められている。まず、①市場価格のある株式を市場価格以下の価格で取得する場合には、特定の株主からの取得であってもほかの株主に売却参加権はない（161条）。ほかの株主は株式を手放したければ市場で売ればいいし、取得価格が市場価格以下であれば経済的不利益もないからである。

また、②非公開会社において株主の相続人等との合意により相続等の対象となった株式を会社が買い取る場合にも、ほかの株主には売却参加権はない（162条）。譲渡制限株式であっても相続等による一般承継を制限することはできないところ（→第3章 I 2(2)(b)）、相続人等の側としても承継した株式をさっさと換金して会社と縁を切りたい場合もある。そのような状況で会社と相続人

等の間の合意が成立する場合に、簡易な手続による自己株式の取得を認めるものである。ただ、ずっとこの例外を認めるわけにはいかないので、相続人等が株主総会で議決権を行使した場合には、以後、この方法による取得はできないとされている。

さらに、③会社がその子会社が保有する自社の株式を取得する場合には、授権決議は取締役会設置会社では取締役会決議、その他の会社では株主総会の普通決議で足り、157条から160条に規定される一連の手続を踏む必要もない（163条）。子会社による親会社株式の取得は原則として禁止され、例外的に取得した場合も相当の時期に処分しなければならないところ（135条）、その処分が難しい場合もあることを考慮して、簡易な手続で親会社が自己株式として取得することを認めたものである。

(d) 市場取引・公開買付けによる場合の手続

上場会社が株式市場での取引または公開買付け（市場取引によらずに、買取条件等を公示しつつ、不特定多数の株主に対して勧誘を行い、応じた株主から買い付けること。金融商品取引法による規制に従って行われる）により自己株式を取得する場合には、株主間の公平を害するおそれは少ないため、極めて簡単な手続によることが認められている。すなわち、会社（条文上制限はないが、事実上、上場会社に限られる）が市場取引または公開買付けの方法により自己株式を取得する場合には、①株主総会普通決議による授権に基づき、取締役等の業務執行者が具体的な取得の決定をして市場取引等を行うか、②授権決議を取締役会で行うことができる旨の定款の定めを置いて、取締役会決議による授権に基づき、業務執行者が具体的な取得の決定をして市場取引等を行うかという手続になる（165条）。上場会社が行う自己株式の取得のほとんどは、これらの方法によるものである。

(3) 自己株式の取得後の取扱い

会社は、取得した自己株式を消却（ないものにしてしまうこと）するか処分（再度、会社の外に出すこと）するまでは保有し続けることができる。ただし、会社が保有する自己株式に議決権はなく（308条2項）、配当請求権その他の自益権もない（たとえば、配当請求権についての453条参照）。したがって、株主からみ

ると、会社が保有する自己株式は存在しないのとほぼ同じである。

　自己株式の消却は、取締役会設置会社では取締役会、それ以外の会社では取締役の決定によりいつでも行うことができる（178条）。自己株式が消却されると、その分、発行済株式総数が減少する。自己株式の処分は、株主からみると、会社が誰かに株式を交付して対価を得るという点で新株発行と実質的に変わりはない。そこで、会社法では、両者を共通の手続規制の下に置いている（→第5章Ⅰ）。

第7章

組織再編

　会社が経営を続ける中で、複数の会社にわたる事業活動を一つの会社にまとめたり、一つの会社が行っている事業を二つの会社に分けたりすることがある。また、他の会社を子会社化したり、多数の株主がいる場面で株式を特定の株主にまとめて他の株主を締め出す場面もある。本章では、これらの事象をまとめて組織再編として紹介する（教科書によっては748条以下に定められているもののみを組織再編というものもある）。

　組織再編には、事業活動をほかの会社に移転させるものがある。これには、一つひとつ権利や義務を移転させる方法（特定承継）のほか、事業活動に関する権利義務を一つにまとめて移転させる方法（一般承継または包括承継）がある。たとえば、A社の事業活動とB社の事業活動をB社に一つにまとめるには、A社が保有するすべての資産や負債を民法上の契約、債権譲渡、債務引受等を用いてB社に移転させ、その後、A社を解散するという方法もあるが、会社法は、A社とB社とが「合併」（吸収合併）するという1本の契約でA社の全資産と全義務とがB社に移転し、かつA社も消滅するという方法を認める。

【表①】

特定承継	包括承継	株式の移転
・事業譲渡	・合併 ・会社分割	・株式の取得 　（公開買付、子会社株式の譲渡など） ・株式交換・株式移転 ・株式交付 ・キャッシュ・アウト

ほかにも、他の会社の株式を取得する組織再編もある。従来の株主から個別の契約で株式を取得する方法のほかに、会社自体との1本の契約で、ある会社の株式すべてをまとめて取得して完全子会社にする方法もある。また、株主が多数いる中で、支配株主が、他の少数派株主に対価を支払って完全子会社とする方法（キャッシュ・アウト）もある。

　これらの組織再編が行われると、個別の会社の事業内容や規模が大きく変わることがある。この場合、事業内容をみて判断して投資していた株主の利益の保護が問題になる。また、取引相手等の債権者にしてみても、融資や担保の取得の判断材料であった事業内容や会社の資産状況が大きく変わることから影響を受けることになる。

I　組織再編の手法

1　事業譲渡

　民法上の契約によって個別の権利・義務を移転する方法で事業再編をする場合は、それぞれの権利義務の性質に応じて、民法上要求される手続（債務引受であれば債権者の同意など）や対抗要件を備えなければならない。このような個別の権利・義務が複数移転することで、「事業」自体が譲渡されたと評価される場合には、譲渡会社の株主にとっては、投資している会社の事業内容が変更されたことになり、大きな影響を受ける。そこで、事業の譲渡と評価できる場合には、原則として、株主総会の特別決議による承認が要求される（467条1項1号・2号・309条2項11号〔ただし、譲渡される財産が総資産の5分の1以下の場合には不要〕）。事業を譲り受ける側も、ある会社の事業の全部を譲り受ける場合には株主総会特別決議による承認が必要となる（467条1項3号・309条2項11号）。このように、株主の投資先の事業内容への信頼を保護するために、その承認にあたっては厳格な手続が設けられているのである。

　それでは、この株主総会の特別決議を要することとなる「事業の譲渡」はどのような場合をいうのだろうか。その基準として、譲渡された財産が、①一定の事業目的のため組織化され、有機的一体として機能する財産であって、②得

意先関係等の経済的価値のある事実関係も含み、③譲渡会社がその財産によって営んでいた営業的活動の全部または重要な一部を譲受会社に受け継がせ、特段の合意がなければ譲渡会社が競業避止義務（21条）を負うような場合（最大判昭和40・9・22民集19巻6号1600頁）であるとされている。

　以上のような株主の利益保護の仕組みに対して、同じく事業譲渡から大きく影響を受けることになる債権者はどのように保護されるのだろうか。譲渡会社の債権者の場合、債務引受には債権者の同意が必要とされるなど、民法上の手続の中で債権者の利益保護は図られている。しかし、譲渡会社の商号や事業名（ゴルフ場営業におけるゴルフクラブ名など）を継続して利用している場合は、債権者が事業譲渡の存在に気づかない、ないし当然に譲受会社が債務を弁済してくれるものと誤信するおそれがあることから、例外的に、譲受会社も弁済する責任を負うことになる（22条、22条類推適用〔最判平成16・2・20民集58巻2号367頁〕）。譲受会社が債務引受の広告を出した場合も同様である（23条）。そのほか、事業譲渡にも詐害行為取消権（民法424条）が適用されるうえに、詐害的な事業譲渡と評価されれば譲受会社も責任を負う（23条の2）。

　譲受会社の債権者は、譲受会社が、多額の超過債務を抱えるような事業を譲り受けると、債務者たる譲受会社の支払能力に不安が生じる。しかし、譲受会社にも取引の自由があるので、譲受会社の債権者は、民法上の詐害行為取消権によって保護されるにすぎず、会社法上特別の規定は用意されていない。

2　合　併

　合併は、複数の会社が、契約によってすべての資産および義務を一つの会社に移転させ、かつ、残りの会社は消滅するものである（【図②】参照）。包括承継であるため、合併さえあれば、個別の権利・義務の移転のための民法上の手続は不要である。移転させる会社が既存の会社の場合は吸収合併、新たに設立する会社である場合は新設合併と呼ぶ。新設合併では、会社が新たに設立されることになるが、別途、会社の設立手続をとる必要はない。合併によって消滅する会社（合併消滅会社）から存続・新設会社に移転した権利・義務の対価は、消滅する会社の株主に直接支払われる。合併の対価として支払われる財産の種類は、合併によって存続・新設された会社の株式であることが多いが、吸収合

【図①】組織再編前　【図②】合　併

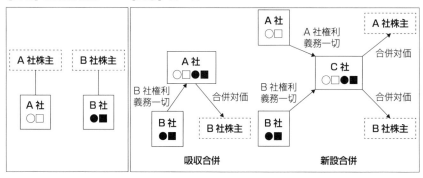

【図③】会社分割

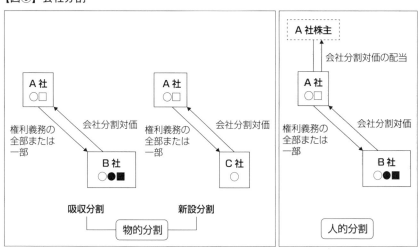

【図④】株式交換　【図⑤】株式移転

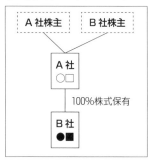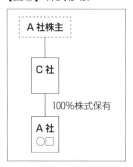

併の場合は、それに限られない。対価が合併後の存続・新設会社の株式であれば、消滅会社の株主は事業自体への投資関係を継続できるが、対価が金銭などの財産であった場合には、もはや株主ではなくなるので、消滅会社の株主は投資関係から締め出されてしまうことになる。

合併が株主に与える影響は大きく、前述した事業譲渡と同様、株主総会特別決議による合併契約の承認が必要である（783条1項・795条1項・804条1項・309条2項12号）。また、包括承継であることから個別の権利・義務の移転手続が行われないため、事業譲渡とは異なり、その移転手続の際に債権者の利益保護が尽くされているとはいえない。吸収合併によって存続する会社（合併存続会社）も別の会社の資産だけでなく債務もまとめて承継することから財産状況が悪化し存続会社の従来からの債権者の回収見込みが下がるおそれがある。そこで、会社法上、債権者異議手続が用意されている（→Ⅲ2(1)）。

3　会社分割

会社分割は、会社が事業に関して有する権利義務を他の会社、もしくは新設会社に包括承継させる手法である（【図③】参照）。承継する会社が既存の会社の場合を吸収分割、新たに設立する会社である場合は新設分割という。新設合併と同様、新設分割の場合にも、別途、会社設立手続をとる必要はない。合併と異なり、分割する会社（分割会社）が権利義務のすべてを譲渡する必要はなく、移転する権利義務の範囲は、吸収分割契約または新設分割計画で定める（部分的包括承継）。また、譲渡した会社は消滅せずに存続するため、会社分割の対価（承継会社または新設会社の株式であることが多いが吸収分割の場合はほかの財産でも可）も、分割会社に支払われる（物的分割）。分割会社は、対価を分割会社の株主に分配することもできる（人的分割）。

会社分割も、会社の事業内容が変わる可能性があることから株主に与える影響は大きく、事業譲渡・合併同様に、株主総会特別決議によって会社分割契約・計画の承認を受けなければならない（783条1項・795条1項・804条1項・309条2項12号）。また、会社分割でも、権利義務が民法上の手続なしに移転することになるため、債権者の利益を保護する目的で債権者保護制度（債権者異議手続・濫用的会社分割に対する直接履行請求権）が用意されている。会社分割では、

優良資産のみを切り出すということも可能であることから、合併以上に、債権者を害する取引が行われるおそれがある。そのため、会社分割では、後述のとおり、債権者異議手続において合併よりも債権者が手厚く保護されている。

4　株式の取得

　株式の保有割合が多ければ多いほど、その株主の会社に対する支配力は増す。そこで、ある会社が、株式を取得することで別の株式会社の支配権を握れば、グループ経営が可能になる。このように株式を取得して子会社化するという方法も事業再編の重要な方法の一つである。この子会社とする、という方法には、分散している株式をそれぞれの株主から買い集めて支配権を獲得する方法と、すでに支配権を有している親会社から子会社株式をまとめて取得する方法とがある。どちらも、民法の売買契約であるが、金融商品取引所に株式を上場している会社（上場会社）の株式を取得する場合には金商法上の規制が課されている。上場会社の支配株式を取得するには、誰が売主か分からないまま市場（取引所）で買い集める方法のほか、不特定多数の者に対して同じ条件で株式を購入することを勧誘して買付けを行う方法（公開買付け〔金商法27条の2第6項〕）とがあり、既存の親会社から公開買付け以外の方法によって取引所外で子会社の株式をまとめて購入することは禁じられている。これによって、支配株主（親会社）が新たに登場する場面や支配株主が交替する場面では、すべての株主に売却の機会が認められ、株主の利益が保護される。

　これに対して、上場会社以外であれば、親会社から直接、相対取引で子会社の株式を取得することができる。このように既存の親会社から株式を取得して子会社化する場合、親会社側からみれば、子会社の株式の譲渡ということになる。民法上の売買契約ではあるが、子会社は親会社にとって実質的に事業の一部といえることから、これもまた、親会社の株主に大きな影響を与える。そこで、子会社の株式譲渡が、総資産の5分の1以上の価値に相当し、その譲渡によって、以後、親会社でなくなる場合には、株主総会の特別決議によって株式譲渡契約の承認を受けなければならない（重要な子会社株式の譲渡〔467条1項2号の2〕）。また、子会社が上場会社である場合は、前述のとおり、取引所外でまとめて売却することは金商法によって禁じられている。

5　株式交付

　4でみたような個別の株主から株式を取得するための契約として、典型例で想定されているのは対価を金銭で支払う売買契約である。しかし、株式を交換契約（民法586条）で取得することも可能である。株式を取得する譲受人が株式会社である場合、当該譲受会社の株式と交換することも可能である。しかし、このような場合は、ただの株式の交換契約ではなく、譲受会社の募集株式の発行等にも該当し、譲受会社からみれば、対象会社の株式を対価に募集株式の発行等を行ったこととなり、現物出資となる。この場合には、現物出資規制として検査役の調査等が必要となる（207条→第5章 I 2(3)(a)）。

　このような現物出資規制を回避して、譲受会社の株式を対価に、対象会社の株式を取得して子会社化する方法が株式交付である。譲受会社は、株式交付計画を作成し、株主総会特別決議の承認を得ることで（816条の3・309条2項12号）、現物出資規制の適用を受けることなく、対象会社の株主との個別の契約によって譲受会社の株式を対価に対象会社の株式を取得することが認められる。この株式交付は、対象会社の株主とは個別の交換契約を締結することが必要である。そして、株式交付は、新たに対象会社を議決権の過半数を有する子会社とする場合に限って適用されるものである。一方、対象会社の株式のすべてを取得する必要はない。事前に定めた株式交付計画の定めに従い、議決権の過半数を超えさえすればよい点で後述の株式交換（→6）とは異なる。

6　株式交換・株式移転

　既存の会社に、完全親会社（親会社の中でも子会社の発行済株式すべてを保有する親会社）を設け、完全子会社（〔完全〕親会社に発行済株式のすべてを保有されている子会社）となる手法が株式交換・株式移転である。そもそも、すべての株主が個々に、完全親会社となる会社に対して、自己の有する株式を現物出資し、その対価として完全親会社の株式を得る、ということでも同じことはできる。しかし、株式交換・株式移転という仕組みを利用すると、株主多数決（特別多数決）によって、反対する株主からさえも、強制的にその株式の権利を取得できる点が異なる。対価は株式を失う株主に支払われ、完全親会社となる会

社の株式が引き渡されることが多いが、それ以外の財産を対価にすることも可能である。

　完全親会社となる会社として既存の会社を活用する場合が株式交換、新たに完全親会社となる会社を新設する場合が株式移転である。株式移転の場合にも、新設合併や新設分割の場合と同様、別途、会社設立手続をとる必要はない。

　完全子会社となる会社の株主にしてみれば、投資先となる会社が完全親会社に変更されることから、影響が大きい。また、株式交換で完全親会社となる会社は、株式保有を通じてではあるものの、完全子会社の行っている事業を新たに抱えることとなり、完全親会社株主にとっても投資先の事業内容が変わることを意味する。そのため、株式交換契約・株式移転計画には、株主総会特別決議が必要とされている（783条1項・795条1項・804条1項・309条2項12号）。他方で、債権者の立場からすれば、株式交換・株式移転は、株主の構成が変更になるだけであって、会社の有する権利・義務が移転されるわけではなく、会社の事業内容や資産状況に直接に影響を及ぼすわけではない。そこで、債権者の利益保護のための制度の適用は限定的である。

7　キャッシュ・アウト

　株主が自分の意思によらずに株式の売却を強制される現象を、広くキャッシュ・アウト（少数派株主の締出し）と呼ぶ。キャッシュ・アウトには様々な手法があり、前述した合併の際に、対価を合併存続会社の株式以外の財産（金銭など）とすればキャッシュ・アウトとなる。そのほかにも、株式の併合（180条）、交換対価が金銭となる株式交換や定款変更によって普通株式を全部取得条項付種類株式（108条1項7号）に変更したうえで、全部取得の株主総会決議（171条・309条2項3号）を経ることでもキャッシュ・アウトは可能である。どの手法も、少なくとも株主総会特別決議が必要であるため、通常は、すでに支配株主が存在する状況で用いられる。上場会社の場合は、キャッシュ・アウトに先行して公開買付けが実施され、支配権に十分な株式を取得した後に、キャッシュ・アウトが実施される（二段階買収と呼ばれる）。

　キャッシュ・アウトは株主にとって投資していた株式が現金に代わってしま

うものであるため、影響が大きく、どの手法でも原則として、株主総会の特別決議が必要となっている（180条2項・309条2項4号・171条・309条2項3号）。もっとも、キャッシュ・アウトはすでに存在する支配株主が、少数派株主を締め出すために行うものなので、株主総会特別決議を要求したところで、少数派株主は影響を与えることはできず、実効的な利益保護に資さない。そこで、株式を公正な対価で買い取ってもらう制度が重要となっている（→第3章コラム①）。他方、債権者にとっては、株式を会社が取得する対価として、会社から株主に対して財産が流出することになるが、株式の併合と全部取得条項付種類株式による場合については、株主への分配可能額規制（461条1項7号〔株式の併合〕・4号〔全部取得条項付種類株式〕。→第6章）によって債権者の利益は保護されていることから、合併等の場合のような債権者異議手続は用意されていない。

8　特別支配株主の株式等売渡請求

　例外的に株主総会特別決議なしにキャッシュ・アウトができる場面として、議決権の90％以上を保有している株主（特別支配株主）には、他の少数派株主全員に対して、保有している株式を売り渡すように請求することが認められている（新株予約権についても売渡請求ができる〔179条〕）。株主総会決議なしに認められているのは、すでに90％もの議決権を有しているのであれば、特別決議が成立することが明らかであるからであり、後述する略式組織再編手続（→II 3）と同じ考え方に基づく。

II　株主の保護

　組織再編は株主に与える影響が大きいことから、株主の利益保護のための制度が用意されている。原則として、株主総会特別決議が要求されているだけでなく、組織再編が公正に行われるようにするための情報開示や取締役の義務、公正な対価を受け取る機会の保障などが設けられている。

1　取締役の関与

　組織再編の多くは、後述のように、株主総会決議を必要としている。しかし、集合行為問題（→第1章Ⅴ）や後述する強圧性（→コラム②）から、株主の判断に完全に依存することはできない。そこで、会社法・金商法は、組織再編に、株主の判断に加え、取締役（会）を関与させることによって、取締役（会）の慎重かつ合理的な判断能力に期待している。

　まず、組織再編行為は、株式会社の業務執行の一部であるため、代表権のある（代表）取締役（または代表執行役）によって行われる。たとえば、合併であれば合併契約を締結するのは代表取締役（代表執行役）である。そして、取締役会設置会社においては、組織再編行為が原則どおり株主総会特別決議事項となっている場合は、取締役会の決議事項となる（298条1項2号・4項・362条4項柱書）。後述する簡易・略式組織再編のように、例外的に、株主総会特別決議が不要とされている場合であっても、事業譲渡や合併等であれば、取締役会決議事項となり（362条4項4号）、特別支配株主の株式等売渡請求においても取締役会決議による会社の承認が要求されている（179条の3）。また、支配株式の取得・譲渡も代表権ある取締役（代表執行役）によってなされ、重要な財産の処分または譲受けと評価されれば、取締役会設置会社においては取締役会によって決定することが要求される（362条4項1号）。公開買付けの対象となった会社（対象会社）も、代表権者が公開買付けに対する意見表明をなすことが金商法上求められている（金商法27条の10第1項）。

　株主総会決議に加えて、取締役（会）を関与させているのは、取締役は会社に対して善管注意義務・忠実義務を負っていることから、会社ひいては株主の利益になるように慎重な判断が期待できるからである。仮に取締役が義務違反をして株主に損害を発生させたような場合は、損害賠償責任（429条→第4章Ⅲ1(5)(b)〔株主による対第三者責任追及〕）が課されるため、株主の利益に資する組織再編が期待できる。

2　情報開示

株主その他の利害関係人が組織再編について賛成するかどうか、差止め等を

行うかどうか判断するためには、情報が必要である。そこで、合併、会社分割、株式交換・株式移転、株式交付については、契約書・計画書（書面または電磁的記録）のほか、一定の開示事項を事前に本店に備え置かなければならない（782条1項・794条1項・803条1項・816条の2第1項）。開示事項は法務省令（施行規則182条〜184条・191条〜193条・204条〜206条など）に定めてあり、合併対価の算定に関する事項などが開示されることになっている。株主は、この契約書・計画書等を閲覧謄写することができる（782条3項・794条3項・803条3項・816条の2第3項）。

　キャッシュ・アウトにおいても、株式の併合（182条の2）、全部取得条項付種類株式（171条の2）、特別支配株主の株式等売渡請求（179条の5・179条の4）のいずれにも対価の算定等について書面等を備え置き、株主に閲覧謄写を認めるなど情報開示がなされている。

　これらの行為については、効力発生後も、当該組織再編の内容について情報開示が義務づけられている（791条2項・801条2項・811条2項・816条の10第2項・182条の6第2項・173条の2第2項・179条の10第2項）。株主、債権者ら利害関係人はかかる開示書類の閲覧謄写を請求できる（791条3項・801条3項・811条3項・816条の10第3項・182条の6第3項・173条の2第3項・179条の10第3項）。

　これに対して、事業譲渡および重要な子会社株式の譲渡（467条）については、このような情報開示義務が用意されていないのでアンバランスである。

3　株主総会特別決議

　組織再編行為は株主に与える影響が大きいため、原則として株主総会特別決議が要求されていることは、これまでに述べてきたとおりである。具体的には、事業譲渡、重要な子会社株式の譲渡、合併、会社分割、株式交換・株式移転、株式交付、株式の併合、全部取得条項付種類株式によるキャッシュ・アウトである。ただし、例外として、以下の二つの場合には株主総会特別決議が不要である。

　まず一つ目は、組織再編の規模が会社の規模と比較して小さく、株主への影響が大きいとはいえない場合である（簡易組織再編手続）。たとえば、①吸収合併において合併対価として交付する財産の価値が、存続会社の純資産の5分の

１以下という場合における存続会社（簡易合併〔796条2項〕）、②会社分割において移転する資産の額が、総資産額の5分の1以下の場合の分割会社および承継会社（簡易分割〔784条2項・796条2項・805条〕）、③株式交換の際に完全親会社が交付する株式交換の対価が、完全親会社の純資産額の5分の1以下の場合（簡易株式交換〔796条2項〕）、④株式交付の際に株式交付親会社が株式交付の対価として交付する株式交付親会社株式の価値が純資産額の5分の1以下の場合（816条の4）、⑤事業譲渡・子会社の株式譲渡および事業全部の譲受において、譲渡する資産が総資産の5分の1以下の場合（簡易事業譲渡〔467条1項2号括弧書〕。簡易な事業全部の譲受け〔468条2項〕）が簡易組織再編に当たる。

二つ目は、組織再編契約締結の相手方が株式（議決権）の多数を有しており、株主総会を開催しても特別決議が成立することが明らかである場合である（略式組織再編手続）。具体的には、吸収合併の相手方が議決権の10分の9以上を有している株主（特別支配会社〔468条1項〕）である場合（略式合併〔784条1項・796条1項〕。譲渡制限株式が株主に交付される場合は除く）、吸収分割の相手方が特別支配会社である場合（略式分割〔784条1項・796条1項〕。対価として譲渡制限株式が交付される場合は除く）、株式交換の相手方が特別支配会社である場合（略式株式交換〔784条1項・796条1項〕。対価として譲渡制限株式が交付される場合は除く）、事業譲渡・子会社株式の譲渡または事業全部の譲受けの相手方が特別支配会社である場合（略式事業譲渡、略式事業全部の譲受け〔468条1項〕）が略式組織再編手続に該当し、すでに紹介した特別支配株主の売渡請求権制度もこれに類する。

なお、公開買付等の株式の取得によって支配株主が誕生する場面も、株主に与える影響が大きく、株主総会決議が要求されるような場面とも思えるが、新株発行の場合（非公開会社。公開会社では10分の1以上の議決権を有する株主が反対した場合〔206条の2〕）を除いて、株主総会決議は要求されていない。これは、支配権を取得するということは、議決権の過半数を合意によって売却した株主がいたということであり、原則として株主によって支持されたと評価できるからである（→例外については**コラム②**）。

4 公正な対価による退出権

(1) はじめに

株主の（特別）多数決によって実行される組織再編手続において、少数派株主の利益保護として重要なのは、適切な対価での退出の機会を保障することである。事業譲渡、重要な子会社株式の譲渡、事業全部の譲受け、合併、会社分割、株式交換・株式移転、株式交付においては、株主総会で反対した反対株主に株式買取請求権が認められている（469条・785条・797条・806条・816条の6。そのほか、消滅会社・分割会社・株式交換・移転完全子会社〔消滅会社等〕の新株予約権者にも買取請求権が認められる〔787条・808条〕）。買取価格は「公正な価格」でなければならず、まずは会社と株主との間の協議で決せられるが、協議が成立しない場合には裁判所に価格決定の申立てをすることで、裁判所の判断を仰ぐことができる（786条・798条・807条・816条の7）。

決議に参加できない無議決権株主には、反対する機会がなかったといえるから、全員に買取請求権が認められる（785条2項1号ロ・797条2項1号ロ・806条2項2号）。略式組織再編の場合も、株主総会決議がないことから同じく反対する機会がなかったといえるので、特別支配会社以外の株主全員に株式買取請求権（469条2項2号・785条2項2号・797条2項2号）が認められる。これに対して、簡易組織再編の場合は株主への影響が軽微であるので、買取請求権は認められない。

支配株主がすでに存在することが前提となっているキャッシュ・アウトの場合こそ、株主総会の判断に期待できず、退出の際の対価の適切性の保障は重要となる。株式の併合においては端数株式となる反対株主の株式買取請求権（182条の4）手続における株式の価格（182条の5）、全部取得条項付種類株式においては取得の対価（172条）、特別支配株主の株式等売渡請求においては売渡価格（179条の8）について、それぞれ裁判所に価格決定の申立てができる。これらの手続によって裁判所の判断による公正な価格での退出の機会が保障されている。

(2)　公正な価格の算定手法

　それでは裁判所はいかなる価格を公正価格とするのか。組織再編によって
も会社の価値が変わらない場合もしくは減少する場合は、もし組織再編がなか
ったならば有していたであろう株式の価値（ナカリセバ価格）が保障されれば、
株主にとって損は生じないといえるから、それが公正な価格となる（最決平成
23・4・19民集65巻3号1311頁〔吸収分割の事案〕）。

　これに対して、組織再編によって会社の価値が増加する場合（合併等ではシ
ナジーという）には、そのような組織再編が公正な条件でなされた場合の対価
が公正な価格となる。それは、そもそも組織再編がなかった場合の価格である
ナカリセバ価格では不十分である。シナジーを株主に分配した公正な条件で組
織再編がなされた場合に株式が有していたであろう価格が公正な価格となると
されている（最決平成24・2・29民集66巻3号1784頁〔株式移転の事案〕）。

　キャッシュ・アウトにおいても、少数派株主を締め出すことで、金商法上の
情報開示のコストの節約や大胆な改革が可能となって会社に利益が生じている
のであれば、この利益を締め出される株式の株価に反映させなければならない
（最決平成21・5・29金判1326号35頁の田原睦夫裁判官補足意見〔全部取得条項付種類株
式の事案〕）。

　組織再編によって会社の価値が増加した場合の公正な価格の算定にあたって
は、公正な条件やシナジーをどの株主にどの程度配分するかの判断が重要とな
るが、その基準は判然としない。どのような場合が公正な組織再編の条件とい
えるかについて経営の専門家ではない裁判所が決定するには困難が伴うからで
ある。そこで、公正な手続に則って行われた組織再編の条件は、公正な条件と
扱うことにする。合併や会社分割等の組織再編であれば、相互に特別の資本関
係のない両当事会社において、会社に対して忠実義務を負う取締役が契約ない
し計画を作成し、株主総会決議等の公正な手続を経たのであれば、事前の情報
開示等に問題がない限り、その組織再編の条件は公正なものと理解できる（前
掲最決平成24・2・29）。

　これに対して、キャッシュ・アウトの場面では、すでに支配株主が存在する
状況であることから、取締役や株主総会の判断に任せるだけでは、公正な条件
とはいえない。そこで、キャッシュ・アウトに先行して、株式を買い集めたプ

ロセス（上場会社であれば公開買付け）が適正なものであったか否かによって判断することになろう。具体的には、公開買付けの段階できちんとキャッシュ・アウトまで含めた計画が示されているか、その他情報開示は適切になされているか、公開買付けに株主の判断をゆがめる事情（後述する強圧性など→**コラム②**）がないか、買収者が経営者側の者である場合（MBO〔マネジメント・バイ・アウト〕という）には独立・中立の第三者機関等で公開買付価格が適正か否かを判断したか、といった事情をチェックする。これらの事情をクリアしたうえで、公開買付けによって支配権を取得したのであれば、当該公開買付価格が公正な価格として、キャッシュ・アウトの場合の公正な価格として扱われる。

　他方、公開買付価格が公正な組織再編条件とはいえないような場合や、そもそも公開買付けが先行しないような場合には、裁判所は、その広範な裁量を発揮して、公正な組織再編条件を判断しなくてはならないが、現実には、裁判所が正確に公正な条件を発見するのは不可能である。そのため、裁判所は、組織再編前の株価からプレミアム40％等のような根拠のないどんぶり勘定で株価を算定せざるをえなくなる。

Ⅲ　債権者の保護

　組織再編は債権者にも大きな影響を与えることがある。そのため、会社法は、情報開示のほか、その危険性に応じて、債権者異議手続等の債権者保護手続を用意している。

1　情報開示

　合併、会社分割において本店に備え置かれる契約書・計画書や一定の開示事項（→Ⅱ2）については、債権者も閲覧謄写することができる（782条3項・794条3項・803条3項）。しかし、株式交換・株式移転や株式交付、キャッシュ・アウトの場合は、株主構成が変わるだけであり、株主への金銭の支払には別途、分配可能額規制によって債権者保護が図られていることから、原則として、債権者は情報開示の対象とはされていない（782条3項・803条3項・182条の2第2項・171条の2第2項・179条の5第2項。ただし、株式交換や株式交付において対価と

して完全親会社株式以外の財産を交付する場合には、債権者にも株式交換・株式交付契約書の閲覧謄写が認められる〔794条3項・816条の2第3項〕）。

　事業譲渡、重要な子会社株式の譲渡、事業全部の譲受け（467条）については、権利・義務の移転に個別の民法上の手続が要請されることから、債権者保護はそれで足りるとして、情報開示も含めて、会社法上の特別の保護はない。公開買付等の株式の取得も、会社法に特別の債権者保護手続は一切用意されていない。

2　債権者保護手続

　合併と会社分割による権利義務の移転は包括承継とされ、債務についても債務引受の手続なしに、合併契約や会社分割契約・計画に従って権利義務が移転することになるため、債権者の同意なしに債務者が変更されうる。また、債務者が同一であっても、当初の与信の判断をした会社とは、事業内容、財産状況が大きく変動する可能性がある。そこで、会社法は、債権者の利益保護のための制度として債権者異議手続を用意している（789条・799条・810条）。

(1)　債権者異議手続

　債権者異議手続の対象となるのは、合併においては合併する会社（存続会社・消滅会社双方）の債権者全員である（789条1項1号・799条1項1号・810条1項1号）。

　これに対して、会社分割においては、吸収分割の承継会社の債権者は全債権者が対象となるが、分割会社（吸収分割・新設分割ともに）の債権者のうち、会社分割後に分割会社に債務の履行を請求できる債権者は原則として債権者異議手続の対象とはならない（789条1項2号・799条1項2号・810条1項2号）。これは、分割会社は、会社分割によって資産を引き渡しても、その対価を分割会社が受け取っているはずであり、分割会社自体の財産状況は変わらないはずだからである。例外的に、会社分割の対価を分割会社から分割会社の株主に分配する場合（人的分割と呼ばれる）は、会社分割で引き渡した資産の対価が分割会社には残らないことになる。さらに、この株主への分配には分配可能額規制が課せられていないことから、人的分割の場合に限って、分割会社に請求できる債

権者も含めて債権者異議手続の対象とすることで債権者の利益保護を図る（789条1項2号括弧書・810条1項2号括弧書）。

債権者異議手続では、まず債権者に意義を述べる機会を与えるために、合併や会社分割に関する事項と異議を述べることができる旨を官報に公告し、知れている債権者（債権者として把握できている者）には各別に催告する（789条2項・799条2項・810条2項）。各別の催告を省略する代わりに、官報による公告に加えて、公告をよりアクセスしやすい電子公告か定款であらかじめ定めた日刊新聞紙によってするという方法（二重の公告）もある（789条3項・799条3項・810条3項）。この公告・催告手続がなされなかった場合は、会社分割契約書・計画書において分割承継・設立会社に移転すると定められた債務であっても、当該債権者は分割会社にも会社分割によって移転したプラスの財産の価値を限度に債務の履行を求めることができる（759条2項・764条2項）。

そして債権者異議手続の対象となる債権者は、合併や会社分割に対して異議を述べることができる（789条1項・799条1項・810条1項）。債権者が異議を述べた場合、会社は、合併や会社分割が債権者を害さない（債権の回収可能性が下がらない）ことを証明できない限り、弁済または相当の担保を提供しなくてはならない（789条5項・799条5項・810条5項）。他方で、債権者が異議を述べなければ、債権者はその合併や会社分割を承認したものとみなされる（789第4項・799条4項・810条4項）。

これに対して、株式交換・株式移転や株式交付の場合は、原則として債権者異議手続の適用はない。しかし、株式交換や株式交付において、完全子会社となる会社の旧株主に支払う対価が、完全親会社の株式以外の財産である場合、完全親会社の財産状況が大きく悪化する可能性があることから、完全親会社の債権者に債権者異議手続が適用される（799条1項3号・816条の8）。そのほか、完全子会社となる会社が新株予約権付社債を発行しており、新株予約権付社債を完全親会社が引き継ぐ場合、社債部分を引き継ぐことで、完全親会社の財産状況を悪化しかねないことから、完全親会社債権者は債権者異議手続の対象となり、同じく、債務者が変更されたその社債の債権者も債権者異議手続の対象となる（789条1項3号・810条1項3号）。

(2) 濫用的会社分割への対応

　組織再編行為の中でも、包括承継でありながら、優良資産のみを選別して切り出すことができる会社分割では、前述のとおり、債権者を害する詐害的な組織再編が行われる可能性が高いため、債権者の保護手続もより手厚くなっている。たとえば、債権者異議手続について、電子公告または日刊新聞紙による公告をしたとしても、担保の取得やコベナンツ（個別の契約条項）での自衛ができない不法行為債権者に対しては、各別の催告を省略できない（789条3項括弧書・810条3項括弧書）。不法行為債権者は、会社分割契約・計画によって分割承継会社・分割設立会社に移転すると定められていたとしても、各別の催告を受けなかった場合は、二重の公告（789条3項・810条3項→(1)）をしていたとしても、分割会社に知られていない債権者であったとしても、分割承継会社・分割設立会社のみならず分割会社も連帯責任を負う（759条2項括弧書・764条2項括弧書）。また、労働者については、労働契約承継法（会社分割に伴う労働契約の承認等に関する法律）により、労働者の理解と協力を得る努力義務を課し（同法7条）、労働者は、異議を述べれば、主として従事する事業を有する会社での労働関係を継続できる権利が認められている（同法2条1項・4条・5条）。

　近時、問題となっているのは、濫用的会社分割（詐害的会社分割）という以下のようなケースである。会社分割によって優良資産のみを分割設立会社（承継会社）に切り出し、債権者は分割会社に残存させることで、債権者異議手続の対象から外す。その後、分割設立会社が、第三者割当増資による新株発行を関係者等に行い、分割会社から独立した形での支配権を確立して分割設立会社のみで事業再生を行い、分割会社は清算する。この方法であれば、分割会社に残存した債権者は、債権者異議手続の保護がないままに回収可能性を害される。

　このような債権者を害する会社分割に対応するために、会社分割に対して民法上の詐害行為取消権を行使することが認められている（民法424条。最判平成24・10・12民集66巻10号3311頁）。さらに、詐害的な会社分割がなされた場合には、残存債権者は分割設立会社等にも債務の履行を請求することが認められる（759条4項・764条4項）。

IV　違法な組織再編に対する救済方法

組織再編行為の中に、上記の会社法上の株主・債権者の保護手続違反のほか、何らかの法令違反や瑕疵があった場合の救済手段として、会社法は差止請求権と無効の訴え制度を設けている。

1　差止請求権

組織再編が効力を発生する前に、それを差し止めることを可能とするのが差止請求権制度である。会社法は合併、会社分割、株式交換・株式移転、株式交付（784条の2第1号・796条の2第1号・805条の2・816条の5）、キャッシュ・アウトになる株式の併合（182条の3）、全部取得条項付種類株式の取得（171条の3）、特別支配株主の株式等売渡請求（179条の7）について、差止請求権制度を用意している。

合併、会社分割、株式交換・株式移転、株式交付の差止事由は、法令・定款違反である。差止めの認められる法令違反とは、あくまで会社による法令違反であって、取締役による善管注意義務違反・忠実義務違反は該当しない。そのほか、略式組織再編手続においては、組織再編条件が著しく不当な場合も差止事由とされている。通常、組織再編条件が著しく不当な場合には、組織再編についての株主総会決議において、特別利害関係人の議決権行使による著しく不当な決議としてその瑕疵を争うことで会社の法令違反を認定できるから（831条1項3号、**コラム①**）、個別の差止事由とはされていない。だが、略式組織再編手続においては、株主総会決議が省略されているために、別途その瑕疵を争う方法を用意する必要があるからである（784条の2第2号・796条の2第2号。→**コラム①**）。

キャッシュ・アウトとなる株式の併合、全部取得条項付種類株主の取得の差止事由は、法令・定款に違反し、かつ、株主が不利益を受けるおそれがある場合である。特別支配株主の株式等売渡請求は、略式組織再編同様、株主総会決議が要求されないことから、法令違反の場合と情報開示規制に反した場合に加え、対価として交付される金銭の額が著しく不当である場合も差止事由に挙げられている（179条の7）。

これに対して、事業譲渡、子会社株式の譲渡、事業全部の譲受け、株式の取得には、会社法上、特別の差止制度は用意されていない。しかし、組織再編に対する差止めが認められていなくても、これらの行為も（代表）取締役によって行われることから、一般的な取締役に対する差止請求権の対象になる（360条・385条）。

2　無効の訴え制度

組織再編行為が実施されると、それを前提に様々な法律関係が積み重なる。このことから、組織再編行為に違法行為が含まれていたからといって無効主張を自由に認めては、法律関係が混乱するおそれがある。そこで、会社法は、合併、会社分割、株式交換・株式移転、株式交付と特別支配株主の株式等売渡請求制度については、効力を争うための特別の無効の訴えの制度を用意し、この訴訟で請求認容判決が確定しない限り、有効なものとして扱う（形成訴訟〔828条1項7号〜13号・846条の2第1項）。

(1)　無効原因

法律関係がいたずらに混乱するのを避けるため、無効原因も軽微でない法令違反に限定される。具体的には、組織再編契約の内容が違法、開示規制の不遵守、株主総会特別決議による承認が必要であるのに存在しない、株式買取請求手続が履行されない、債権者異議手続が履行されない、独占禁止法の手続に違反した組織再編、業法上必要な認可のない組織再編、組織再編契約が無効・取消し（民法95条・96条など）、組織再編差止めの仮処分命令に違反といった事情が無効原因に当たる。

組織再編条件が不公正であるという事実だけでは無効原因には該当せず、株式買取請求権や債権者異議手続を利用すべきであるというのが原則である。もっとも、不公正な条件を含む組織再編契約・計画を承認した株主総会決議が、特別利害関係人の議決権行使に基づいてなされたと認定できる場合は、株主総会決議取消事由（831条1項3号）に該当するので、その場合には総会決議取消事由として争う方法もある。そして、株主総会決議取消しの訴えが認められる前に組織再編が効力を発生したとしても、株主総会の承認決議に取消しの瑕疵

があるということが組織再編の無効原因に該当する（総会決議取消事由が無効原因に吸収されるため吸収説と呼ばれる）ことになるので、この場合には不公正な条件による組織再編も無効の訴えとして争うことが可能となる。

コラム①　組織再編条件の不公正と組織再編無効の訴え

　組織再編条件が不公正な場合一般が、組織再編無効原因とならないのは本文で述べたとおりである。だが、組織再編条件が不公正とされる最も典型的な例は、支配株主（特に支配株主も会社であるようなケース）が子会社と支配株主自身あるいは支配株主の関連会社と組織再編を行わせる場合である。このような場合、支配株主は、自ら選任した子会社の取締役を通じて、支配株主に有利な条件で組織再編を実行することができる。組織再編の承認に株主総会特別決議が必要という規律も、支配株主が株主総会を支配しているので障害とならない。

　しかし、このような場合は、まさに特別利害関係人の議決権行使によって著しく不当な決議がなされた場合として、株主総会決議取消事由に該当する（831条1項3号）。こうして株主総会決議が取り消されれば、当該組織再編は、株主総会の承認のない組織再編として無効原因を抱えることになる。

　しかしながら、株主総会決議取消しの訴えは形成訴訟とされているため（831条1項）、請求認容判決が確定するまでは、株主総会決議は存在するものとして扱われることになる。そして、かかる認容判決確定までは時間がかかるので、それまでの間に、後述する組織再編無効の訴えの提訴期間（組織再編の効力発生から6ヶ月〔828条1項7号〜13号〕）が経過してしまっている。これでは、組織再編の無効の訴えが現実に機能することはなくなってしまう。

　そこで、学説では、組織再編の効力発生後は、組織再編無効の訴えの中に、株主総会決議取消しの訴えが吸収されることになると主張されている（吸収説と呼ばれる）。吸収説の下では、救済を求める株主等は、組織再編無効の訴えのみを提訴し、その審理の中で、株主総会決議取消しの訴えの提訴期間（株主総会決議から3ヶ月以内）内に、株主総会決議取消事由を主張し、取消事由が認められれば、そのことが組織再編無効原因となる。株主総会決議取消しの訴えの係属中に、組織再編の効力が発生した場合には、当該株主総会決議取消訴訟は訴えの変更（民訴法143条）によって組織再編無効の訴えに移行することにな

る。

　このような吸収説をとらないのであれば、組織再編無効の訴えと株主総会決議取消の訴えを併合提起し、裁判官の訴訟指揮の下、弁論を併合して審理を行うことになろう。

　この問題は、組織再編やキャッシュ・アウトの差止めの場合にも同じく問題となる。支配株主の影響のもと対価が不当な組織再編を承認する株主総会決議がなされ、それが特別利害関係人の議決権行使による著しく不当な決議として株主総会取消事由（831条1項3号）を抱える場合には、差止事由としての「法令違反」（784条の2第1号・796条の2第1号・805条の2・816条の5・182条の3・179条の7）を主張するために、株主総会決議取消しの訴えが差止めの訴えに吸収されると考えるか（この場合、組織再編無効の訴えと異なり、差止めの訴えに形成訴訟が吸収されることが可能かという問題が生じる）、あるいは両訴を併合提起する必要がある。

⑵　その他の法律関係安定化のための工夫

　この無効の訴え制度には、法律関係を安定化するための様々な仕組みが備わっている。まず、提訴期間が制限される（828条1項7号〜13号・846条の2第1項）。提訴権者（原告適格）も限定されており、組織再編の効力発生時に、株主（締め出された株主を含む）、取締役、監査役、執行役もしくは清算人であった者である（828条2項7号〜13号・846条の2第2項）。債権者にも影響がある合併、会社分割、株式交換・株式移転、株式交付においては、破産管財人と債権者異議手続において組織再編の承認をしたとみなされていない債権者（789条4項・799条4項・810条4項・816条の8第4項参照）にも原告適格が認められている（828条2項7号〜13号）。被告とする者もあらかじめ定められており、合併、会社分割、株式交換・株式移転では組織再編をした会社（834条第7号〜12号の2。会社分割、株式交換・株式移転では契約・計画の当事者となったすべての会社。株式交付では株式交付で親会社となる会社のみ）、特別支配株主の株式等売渡請求制度では特別支配株主である（846条の3）。無効とする判決には、利害関係人ごとに法律関係が異なり複雑化することのないように、対世効（第三者効）が認められる一方で（838条・846条の7）、すでに形成された法律関係を混乱させないよ

うに、遡及効は否定され、将来に向かってのみ効力が生じる（839条・846条の8）。また、裁判管轄も合併、会社分割、株式交換・株式移転・株式交付では被告会社の本店所在地（835条）、特別支配株主の売渡請求権制度では対象会社の本店所在地（846条の4）を管轄する地方裁判所に統一しており、複数の訴訟が係属した場合には弁論を併合することになり（837条・846条の6）、統一的な処理がなされるような工夫がなされている。

(3) 無効の訴え制度のない組織再編

これに対して、事業譲渡、子会社の譲渡、事業全部の譲受け、株式取得のほか、キャッシュ・アウトのうち株式併合、全部取得条項付種類株式の取得については特別の無効の訴えが用意されていない。よって、問題となる取引に法令違反や意思表示の瑕疵があれば、どのような訴訟においても、無効を主張・立証できる。

3　取締役の責任

このように会社法上の差止制度や無効の訴え制度は、組織再編の条件の不当性を直接の原因とは認めておらず、救済方法としては広いものではない。そこで、組織再編自体の効力を否定するのではなく、事後的に、取締役に対して損害賠償を請求することによって、救済を求める方法がある。株主が取締役の責任を追及する場合、会社に発生した損害を株主代表訴訟を用いて追及する方法がある（423条・847条）。たとえば、株式交換において親会社となる会社が金銭対価を支払い過ぎたような場合には、親会社の取締役の責任をこの方法で追及できる。

しかし、合併の場合や会社分割の承継会社の株主であった者は、会社に損害賠償が支払われても、その賠償金は、結局、不当な組織再編の条件で定められた割合に従って現在の株主に割り当てられてしまうため、不利益を受けた株主の救済にならない。また、キャッシュ・アウトの場面ではそもそも会社に損害があったとはいえない。このような場合は、会社自体に損害はなく株主が直接損害を受けたとして、株主が直接取締役に責任を追及する（429条、民法709条）。

コラム②　企業買収防衛の基礎理論

　上場会社を念頭に置いた場合、組織再編の中で、株式を取得して会社の支配権を獲得する企業買収は、原則として、株式をより高く評価する者に支配権が移る。したがって、株式共同の価値ひいては会社自体の価値を上昇させるわけであるから、基本的には、経済にとってプラスになるはずである。対象会社の経営者が反対している企業買収（敵対的企業買収）であっても、株式の価値を高め、企業価値を向上させるものであるし、また、敵対的企業買収がありうるということが現在の経営者にとって気を抜かずに経営するという規律づけ効果がある。

　他方で、企業買収には、株主以外の会社の利害関係人（従業員など）の信頼を裏切って、彼らのこれまでの会社への貢献（関係特殊的投資）から搾取をするという危険性も生じうる（信頼の裏切り論）。これに対して、会社法の考え方は基本的には株主の利益に着目するというものであるので、企業買収は基本的に良いものと考える。しかし、株主の利益に着目したとしても、例外的に、企業買収が望ましくないという場合もある。それが強圧性の議論である。

　上場会社の買収は、証券市場で株式を買い集めるという方法でも可能である。しかし、証券市場で、短期間で大量の株式を取得しようとすると、需要と供給のバランスより、一時的に対象会社の株価が高騰し、実際に支配権を取得するのが困難となる。また、既存の大株主から証券市場外で株式を相対取引で取得することは金商法で禁止されている（→Ⅰ4）。そこで、買収者は、全株主に対して同じ条件で株式買取のオファーを出す公開買付けによる方法をとることが多い。このコラムでは、公開買付けの場合を念頭に置いて説明をする。

(1)　強圧性

　具体例として、ある買収者がA社に対して1株80円で支配権を取得できる量（株式の66.7％）の応募を停止条件にした公開買付けによって企業買収をする場合を考える。ここで、買収が失敗した場合の株価は100円、買収が成功して買収者に支配権を握られた場合、キャッシュ・アウトによって60円で締め出されると仮定する。このような企業買収は、企業価値を下げるものであるので、実現されるべきではなく、またこのことを知っている株主も、80円での申込みに応じて売却することはないはずである。

　しかし、このA社が、株式の所有が分散している上場会社であり、株主そ

【表②】

	買収成功	買収失敗
応募	80	100
応募しない	60	100

れぞれがわずかな割合しか株式を保有していない状況であれば、各株主は自分が公開買付けに応じるか否かは買収の成否（66.7％の株主の応募があるかどうか）に影響しないと考える。他の株主の多くが公開買付けに応募して買収が成功する場合、少数派株主として残されて60円で締め出されるよりも、80円で売却した方が得である。他方で、他の株主の多くが公開買付けに応募しなければ、停止条件を満たさず、公開買付けは失敗し、応募しようがしまいが株式は売却できず、100円の価値が実現することになる。よって、買収が成功する場合と失敗する場合の両方を考えると、公開買付けに応募するということが個々の株主にとって合理的な行動となる。この応募という合理的な行動を全株主（多数の株主）がとることで、結果として、本来は成功すべきでない公開買付けが停止条件を成就し、成功することになる。

このように、少数派株主として残存することでより不利益な扱いを受けることが予想されることで、分散した株主が買収の申出に応じて株式を売却し、本来は成立すべきでない非合理な企業買収が成立するという議論が、強圧性の議論である。

(2) 強圧性への対抗

このような強圧性の問題に対処するために二つのルールがある。それがキャッシュ・アウト価格の規制と買収防衛策（いわゆるポイズン・ピル）である。

(a) キャッシュ・アウトの価格規制

強圧性の問題が生じた原因の一つは、少数派株主として残存するよりも公開買付けに応じた方が利益がある（ましである）という状況にあった。そこで、公開買付後にキャッシュ・アウトする場合における「公正な価格」を価格決定申立てを受けた裁判所が、公開買付価格と同じ価格とすれば問題は解決する。

だが、この解決策では、買収者が、少数派株主をキャッシュ・アウトせずに不当な扱い（剰余金分配をしない等）をした場合には、解決にならない。そこで、立法論としては、公開買付けで支配権を取得した場合、残存した少数派株主に公開買付価格と同額で株式を買い取ってもらう機会（退出権）を保障すべ

きという議論がある。具体的には、公開買付けで支配権を取得した買収者は、同一価格で残存株主全員を対象に公開買付けを実施する義務を課す（義務的公開買付けまたは公開買付期間の延長）というルールを導入することである。

(b)　買収防衛策（ポイズン・ピル）

　強圧性の問題が生じるもう一つの原因に、分散した株主が、他の株主が応募するかどうか、この買収が成功するかどうかが分からないという状況があった。そこで、個々の株主が公開買付けに応募するか否かを決定する前に、株主が全体としてこの企業買収に賛成するかどうかを決定する機会を与えることができれば問題の解決になる。この具体的な手法が、買収防衛策（ポイズン・ピル）を活用する方法である。

　ここでいう買収防衛策とは、たとえば買収者（○％以上の株式を保有する株主）以外の株主が行使できる新株予約権（差別行使条件付新株予約権）を無償割当て（277条）するという方法がある。この新株予約権は、権利行使価額が1円等の微々たる金額にするか、全部取得条項を付して対価として新株を交付することになっている。そして、買収者は権利行使できない、あるいは権利行使しても株式は取得できない（その代わりに株式と同価値の金銭を交付するというものもある）という差別行使条件が付されている。このような新株予約権を株主に1株当たり複数個無償割当する。これによって、買収者以外の株主の株式数が数倍に増加し、買収者の持分が薄まり、企業買収の実現が困難になる。

　このような買収防衛策は、差別行使条件付きという点で、株主平等原則（109条1項）に反するようにもみえる。しかし、買収防衛策の導入（または廃止）の際に株主の判断（株主総会決議）を要求することで、企業買収への賛否を株主が示す機会となり、強圧性の問題の解決になる。そこで、買収防衛策も、株主総会等で株主自身が会社の利益ひいては株主共同の利益を害すると判断した場合には、相当の範囲内であれば、株主平等の原則に反さず適法となる（最決平成19・8・7民集61巻5号2215頁〔なお、強圧性の問題を超えて情報・判断力に不足する株主の判断に企業買収の帰趨を任せるべきではなく、取締役会こそが判断すべきであるという立場からは買収防衛策を株主総会の決議なしであっても適法とすべきと主張されている〕）。

　このような買収防衛策の欠点は、株主総会決議にかける前、そもそも買収防衛策を実施するか否かを最初に判断するのは取締役であるので、取締役が賛成している企業買収（友好的企業買収）では機能しないという点にある。特に、

経営者が買収者側である MBO においてその問題は顕著である。

　この欠点は、株主を害するような買収やキャッシュ・アウトを抑止するために、取締役が買収者側にいる場面では、取締役の株主に対する責任（429条→第4章III 1 (5)(b)）を厳格にエンフォースすることで克服できる。公開買付後にキャッシュ・アウトを実行するという二段階買収の MBO の場面では、取締役は、買取価格を最大化する義務まではないにしても、公正な価値を締め出す株主に移転させる義務（公正価値移転義務）と、公開買付段階で株主が公開買付けに応じるか否かの意思決定を行ううえで適切な情報を開示すべき義務（適正情報開示義務）を負う（東京高判平成25・4・17判時2190号96頁）。これらの義務に違反した取締役には責任が発生しうる。

V　組織変更

　既存の株式会社が持分会社（合名、合資、合同会社）に変わること（744条）も、既存の持分会社が株式会社に変わること（746条）も認められており、組織変更と呼ばれる。

　組織変更は、社員（株主）、債権者双方に与える影響が大きいため、総株主・総社員の同意（776条1項・781条1項）が必要とされ、かつ、債権者異議手続が要求されている（779条・781条）。

事項索引

判例索引

●著者紹介

伊藤雄司（いとう・ゆうじ）
上智大学法学部法律学科教授
［第4章］

『事例で考える会社法〔第2版〕』（共著、有斐閣、2015年）
「会社財産に生じた損害と株主の損害賠償請求権(1)〜(4・完)──ドイツに
　おける反射損害の議論との対比において」法学協会雑誌123巻9号、11号
　（2006年）、124巻1号、3号（2007年）ほか

笠原武朗（かさはら・たけあき）
九州大学大学院法学研究院教授
［第3章・第5章・第6章］

『会社法〔第3版〕』（共著、弘文堂、2020年）
「監視・監督義務違反に基づく取締役の会社に対する責任について(1)〜(7・
　完)」法政研究69巻4号、70巻1号〜3号（2003年）、71巻1号、2号
　（2004年）、72巻1号（2005年）ほか

得津　晶（とくつ・あきら）
東北大学大学院法学研究科教授
［第1章・第2章・第7章］

「持合株式の法的地位(1)〜(5・完)──株主たる地位と他の法的地位の併存」
　法学協会雑誌125巻3号、8号、9号（2008年）、126巻9号、10号
　（2009年）
「上場会社における種類株式の新たな利用形態」日本台湾法律家協会雑誌13号
　（2016年）ほか

日本評論社ベーシック・シリーズ＝NBS

会社法
（かいしゃほう）

2021年6月25日第1版第1刷発行

著　者————伊藤雄司・笠原武朗・得津　晶
発行所————株式会社　日本評論社
　　　　　　　〒170-8474　東京都豊島区南大塚3-12-4
電　話————03-3987-8621（販売）
振　替————00100-3-16
印　刷————精文堂印刷株式会社
製　本————株式会社難波製本
装　幀————図工ファイブ

検印省略　©Y.Ito, T.Kasahara, A.Tokutsu　2021　　　ISBN 978-4-535-80686-3

日本評論社の法律学習基本図書

日本評論社
https://www.nippyo.co.jp/

※表示価格は消費税込みの価格です。